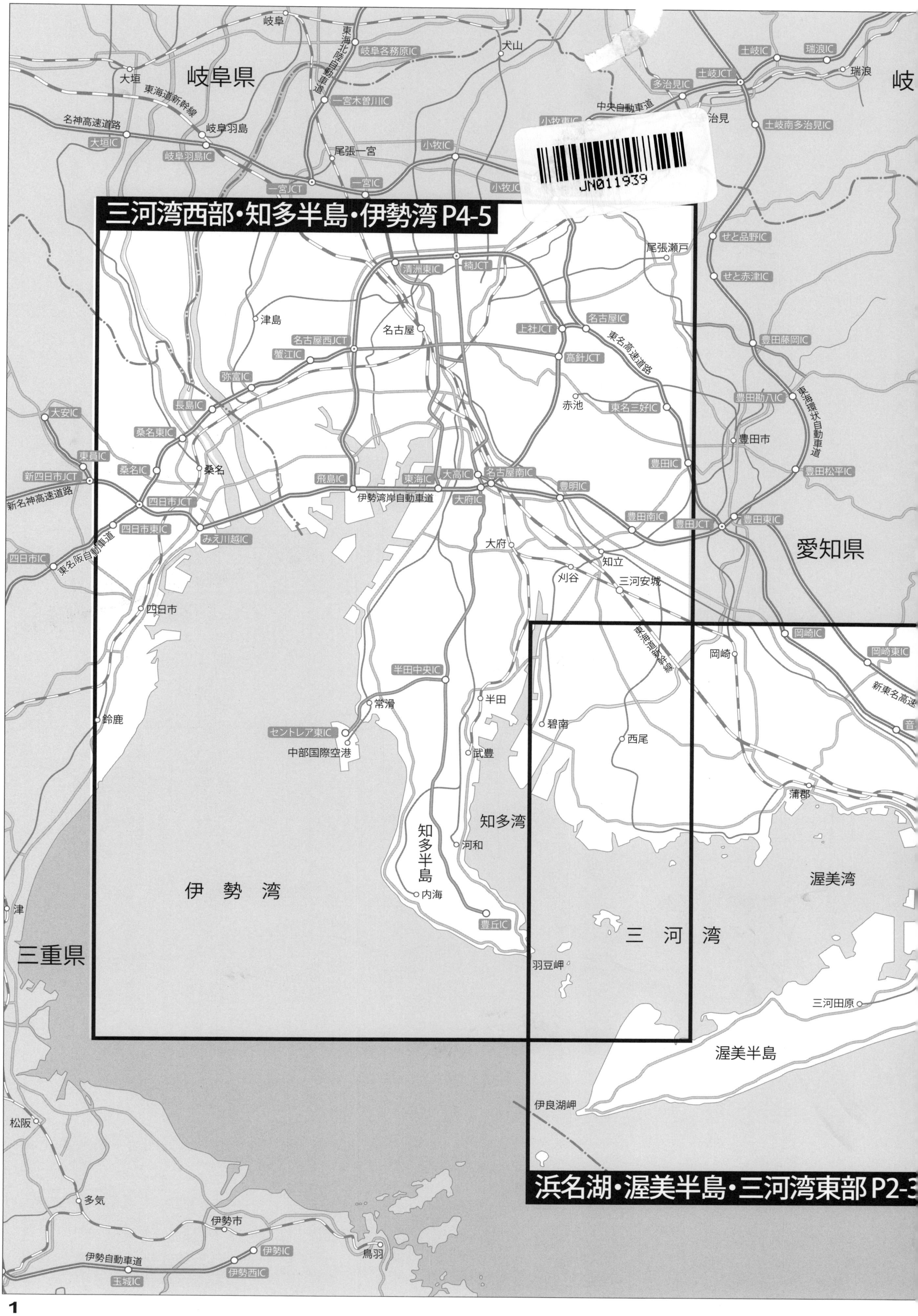

三河湾西部・知多半島・伊勢湾 P4-5
浜名湖・渥美半島・三河湾東部 P2-3
岐阜県
愛知県
三重県
岐
岐阜
大垣
東海道新幹線
名神高速道路
大垣IC
岐阜羽島
岐阜羽島IC
東海北陸自動車道
岐阜各務原IC
一宮木曽川IC
尾張一宮
一宮JCT
一宮IC
小牧IC
小牧JCT
小牧東IC
犬山
中央自動車道
多治見IC
土岐IC
土岐JCT
瑞浪IC
瑞浪
多治見
土岐南多治見IC
せと品野IC
せと赤津IC
尾張瀬戸
清洲東IC
楠JCT
津島
名古屋
名古屋西JCT
蟹江IC
弥富IC
長島IC
桑名東IC
桑名IC
桑名
大安IC
東員IC
新四日市JCT
新名神高速道路
四日市JCT
四日市東IC
みえ川越IC
四日市IC
東名阪自動車道
四日市
鈴鹿
津
松阪
多気
伊勢市
伊勢IC
伊勢西IC
伊勢自動車道
玉城IC
鳥羽
上社JCT
名古屋IC
東名高速道路
高針JCT
赤池
東名三好IC
豊田藤岡IC
豊田勘八IC
東海環状自動車道
豊田市
豊田IC
豊田松平IC
豊田東IC
豊田JCT
豊田南IC
豊明IC
名古屋南IC
大高IC
東海IC
飛島IC
伊勢湾岸自動車道
大府IC
大府
刈谷
知立
三河安城
東海道新幹線
岡崎IC
岡崎東IC
岡崎
新東名高速
音
半田中央IC
常滑
セントレア東IC
中部国際空港
半田
武豊
碧南
西尾
蒲郡
知多湾
知多半島
河和
内海
豊丘IC
伊勢湾
三河湾
羽豆岬
渥美湾
三河田原
渥美半島
伊良湖岬

浜名湖・渥美半島 三河湾東部エリア

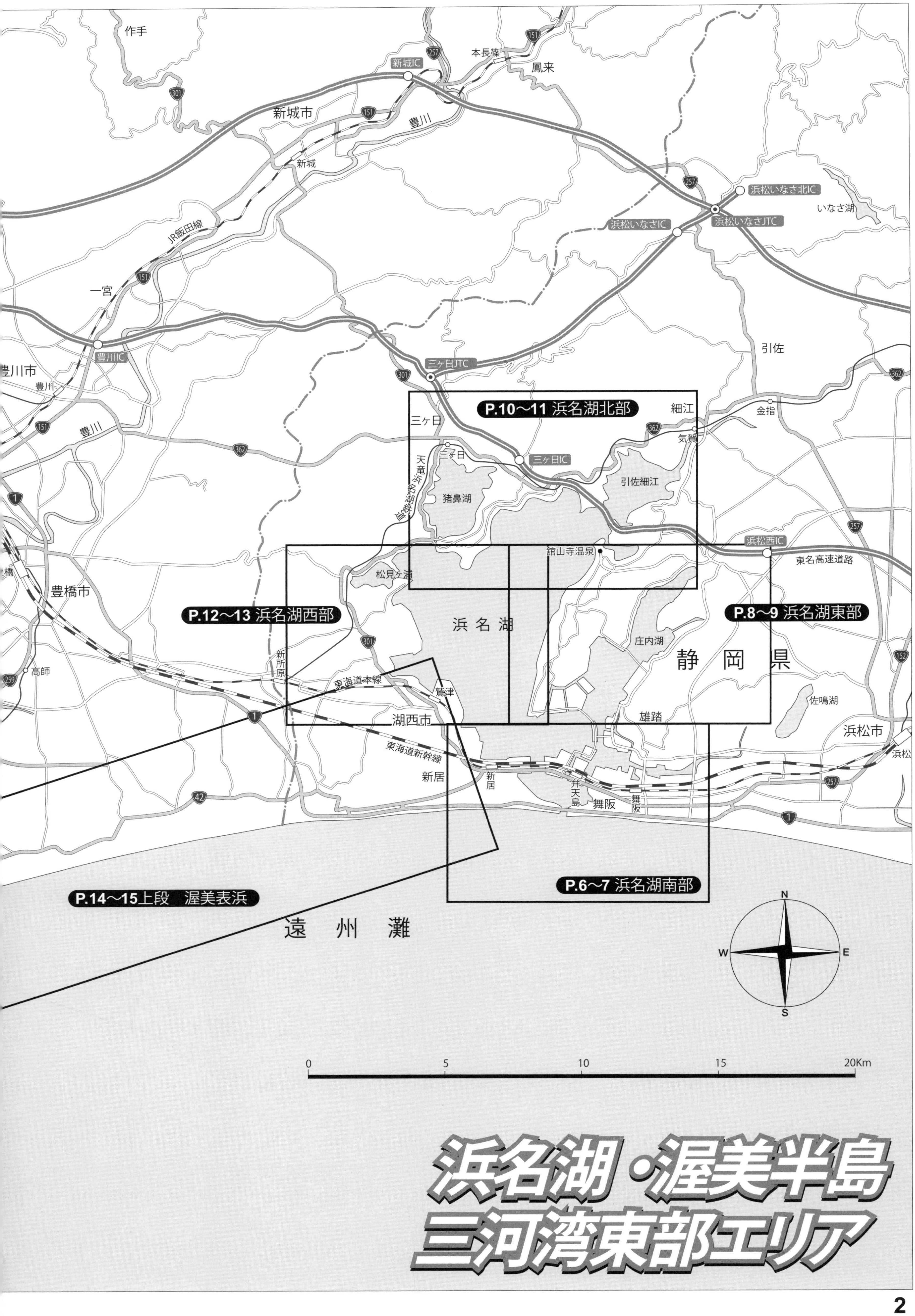

作手
本長篠
鳳来
新城IC
新城市
豊川
新城
JR飯田線
浜松いなさ北IC
いなさ湖
浜松いなさJTC
浜松いなさIC
一宮
豊川IC
豊川市
豊川
三ヶ日JTC
引佐
P.10～11 浜名湖北部
細江
金指
三ヶ日
三ヶ日
気賀
三ヶ日IC
天竜浜名湖鉄道
猪鼻湖
引佐細江
浜松西IC
舘山寺温泉
東名高速道路
松見ヶ浦
豊橋市
P.12～13 浜名湖西部
浜名湖
P.8～9 浜名湖東部
庄内湖
静岡県
新所原
高師
東海道本線
鷲津
佐鳴湖
雄踏
湖西市
浜松市
東海道新幹線
浜松
新居
新居
弁天島
舞阪
舞阪
P.6～7 浜名湖南部
P.14～15上段 渥美表浜
遠州灘
N
W
E
S
0
5
10
15
20Km

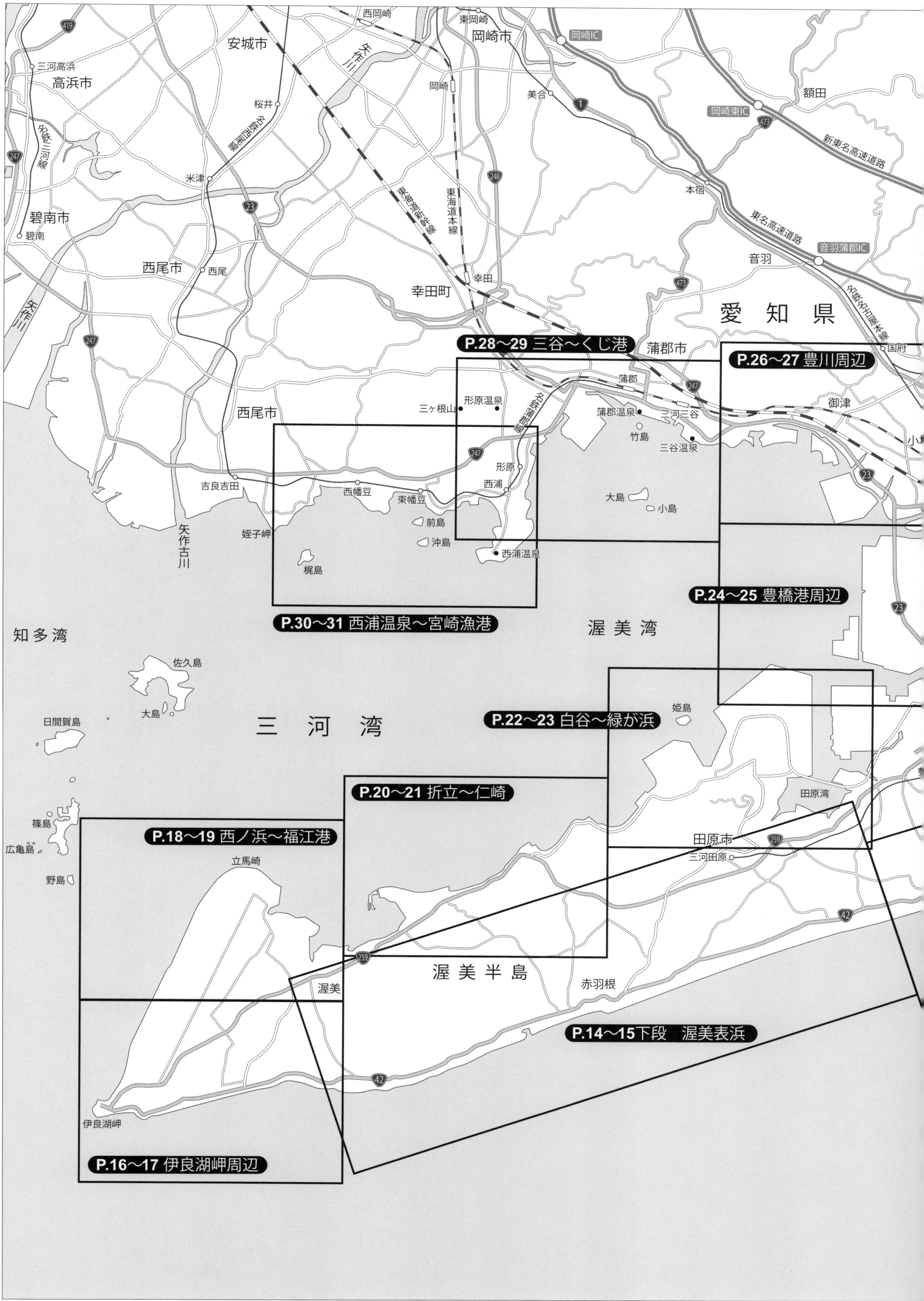
西岡崎
東岡崎
岡崎市
岡崎IC
安城市
矢作川
419
三河高浜
高浜市
岡崎
美合
1
額田
桜井
岡崎東IC
473
名鉄三河線
名鉄西尾線
新東名高速道路
247
米津
248
東海道新幹線
東海道本線
本宿
23
碧南市
碧南
東名高速道路
音羽蒲郡IC
西尾市
西尾
幸田
音羽
幸田町
473
愛知県
矢作川
名鉄名古屋本線
247
P.28～29 三谷～くじ港
蒲郡市
国府
P.26～27 豊川周辺
蒲郡
247
形原温泉
三ヶ根山
名鉄蒲郡線
西尾市
蒲郡温泉
三河三谷
御津
竹島
三谷温泉
247
形原
西浦
23
吉良吉田
西幡豆
東幡豆
大島
小島
前島
矢作古川
沖島
姪子岬
西浦温泉
梶島
P.24～25 豊橋港周辺
23
P.30～31 西浦温泉～宮崎漁港
渥美湾
知多湾
佐久島
大島
日間賀島
三河湾
P.22～23 白谷～緑が浜
姫島
P.20～21 折立～仁崎
田原湾
篠島
広亀島
田原市
P.18～19 西ノ浜～福江港
259
三河田原
立馬崎
野島
42
259
渥美半島
渥美
赤羽根
P.14～15下段　渥美表浜
42
伊良湖岬
P.16～17 伊良湖岬周辺

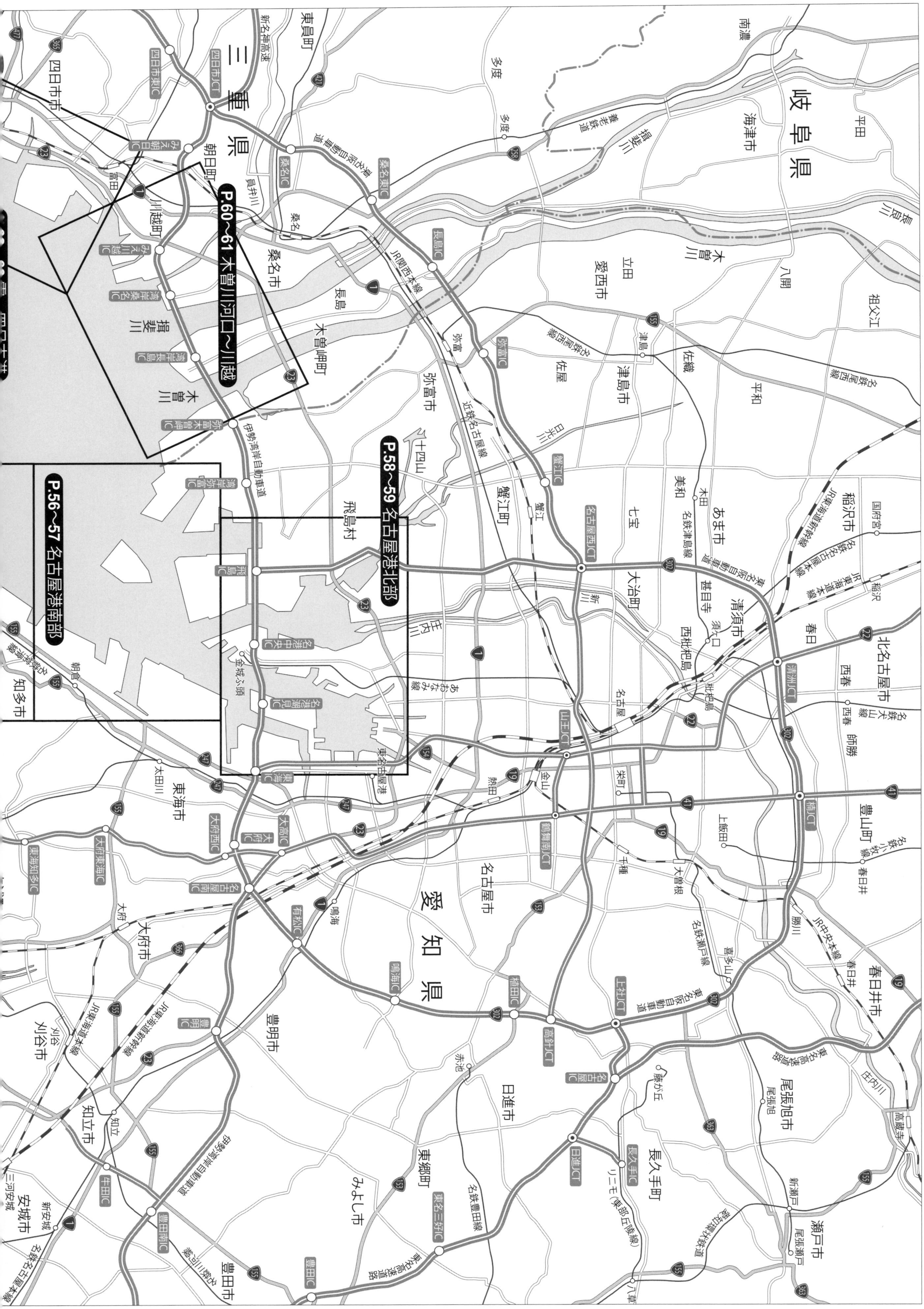
P.60~61 木曽川河口~川越
P.58~59 名古屋港北部
P.56~57 名古屋港南部
三重県
岐阜県
愛知県
四日市市
朝日町
川越町
東員町
桑名市
木曽岬町
弥富市
飛島村
海津市
愛西市
津島市
あま市
大治町
蟹江町
清須市
稲沢市
北名古屋市
豊山町
春日井市
名古屋市
東海市
大府市
豊明市
刈谷市
知立市
安城市
日進市
東郷町
みよし市
豊田市
長久手町
尾張旭市
瀬戸市
知多市
木曽川
揖斐川
長良川
庄内川
伊勢湾岸自動車道
東名阪自動車道
東名高速道路

三河湾西部・知多半島・伊勢湾エリア

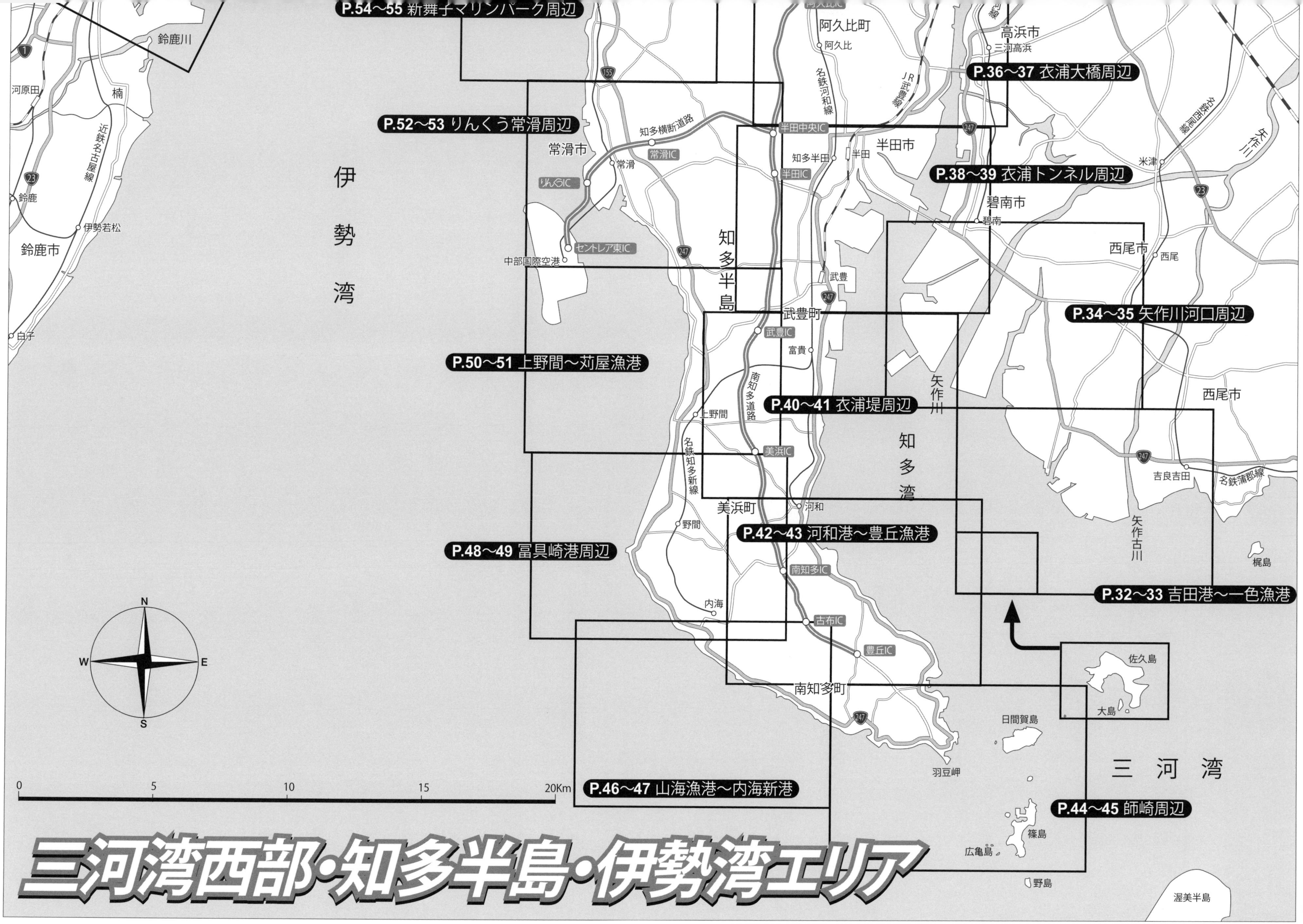

浜名湖《はまなこ》南部

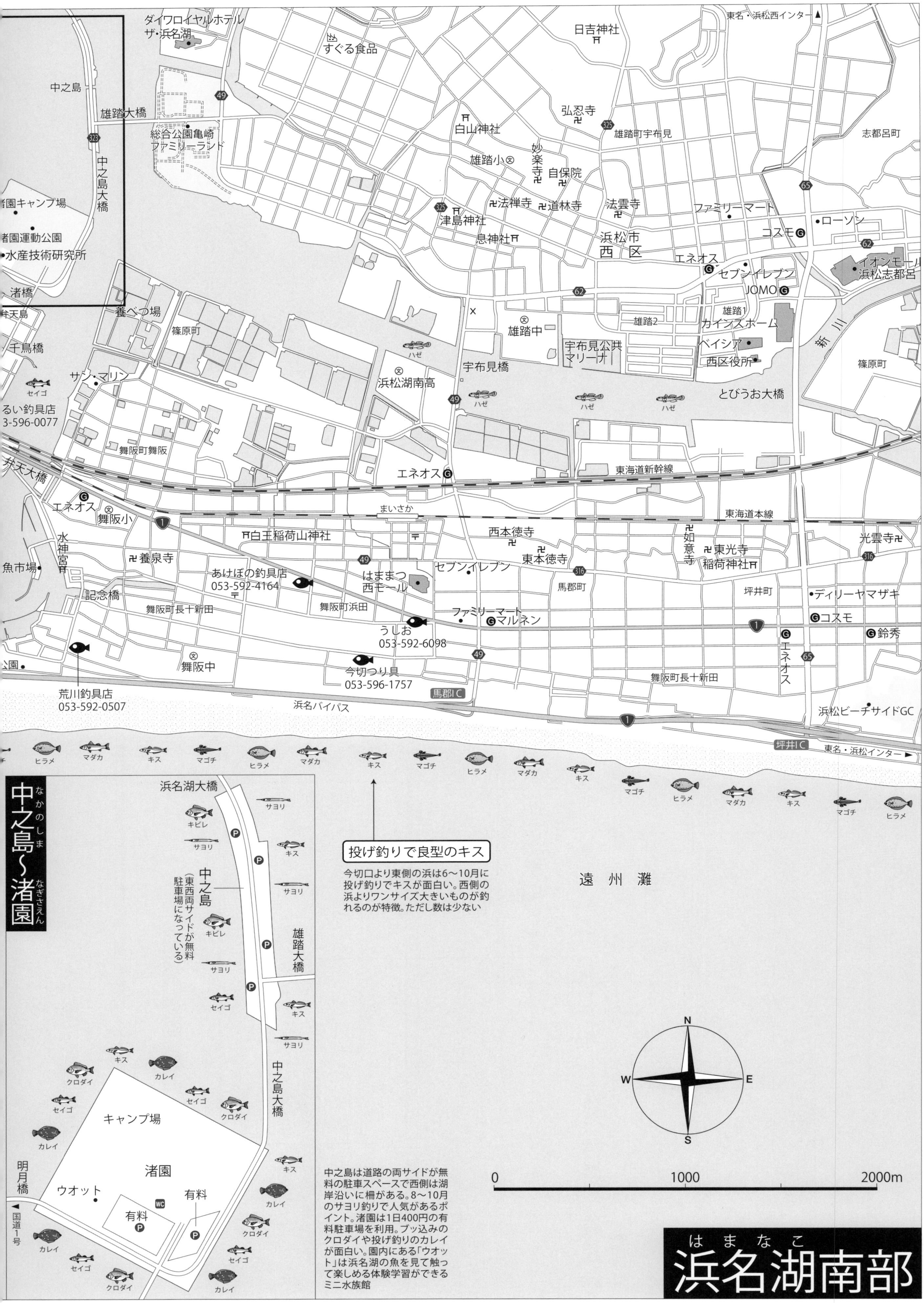
ダイワロイヤルホテル
ザ・浜名湖
すぐる食品
日吉神社
東名・浜松西インター
中之島
雄踏大橋
総合公園亀崎
ファミリーランド
中之島大橋
渚園キャンプ場
渚園運動公園
水産技術研究所
渚橋
弁天島
千鳥橋
弘忍寺
白山神社
雄踏町宇布見
志都呂町
妙楽寺
自保院
雄踏小
法禅寺
道林寺
法雲寺
津島神社
息神社
浜松市
西区
ファミリーマート
ローソン
コスモ
エネオス
セブンイレブン
JOMO
イオンモール
浜松志都呂
養べつ場
篠原町
雄踏中
雄踏1
雄踏2
カインズホーム
ベイシア
西区役所
新川
篠原町
宇布見公共
マリーナ
宇布見橋
サン・マリン
浜松湖南高
ハゼ
とびうお大橋
セイゴ
るい釣具店
3-596-0077
舞阪町舞阪
エネオス
東海道新幹線
弁天大橋
エネオス
舞阪小
まいさか
東海道本線
水神宮
白王稲荷山神社
西本徳寺
東本徳寺
如意寺
東光寺
稲荷神社
光雲寺
魚市場
養泉寺
あけぼの釣具店
053-592-4164
はままつ
西モール
セブンイレブン
馬郡町
坪井町
ディリーヤマザキ
記念橋
舞阪町長十新田
舞阪町浜田
ファミリーマート
マルネン
コスモ
鈴秀
うしお
053-592-6098
エネオス
舞阪中
今切つり具
053-596-1757
舞阪町長十新田
荒川釣具店
053-592-0507
馬郡IC
浜名バイパス
浜松ビーチサイドGC
坪井IC
東名・浜松インター
ヒラメ
マダカ
キス
マゴチ
遠州灘
投げ釣りで良型のキス
N
W
E
S
0
1000
2000m
中之島《なかのしま》～渚園《なぎさえん》
浜名湖大橋
サヨリ
キビレ
中之島
（東西両サイドが無料駐車場になっている）
雄踏大橋
中之島大橋
クロダイ
カレイ
キャンプ場
渚園
ウオット
有料
明月橋
国道1号
WC
P

投げ釣りで良型のキス

今切口より東側の浜は6～10月に投げ釣りでキスが面白い。西側の浜よりワンサイズ大きいものが釣れるのが特徴。ただし数は少ない

中之島は道路の両サイドが無料の駐車スペースで西側は湖岸沿いに柵がある。8～10月のサヨリ釣りで人気があるポイント。渚園は1日400円の有料駐車場を利用。ブッ込みのクロダイや投げ釣りのカレイが面白い。園内にある「ウオット」は浜名湖の魚を見て触って楽しめる体験学習ができるミニ水族館

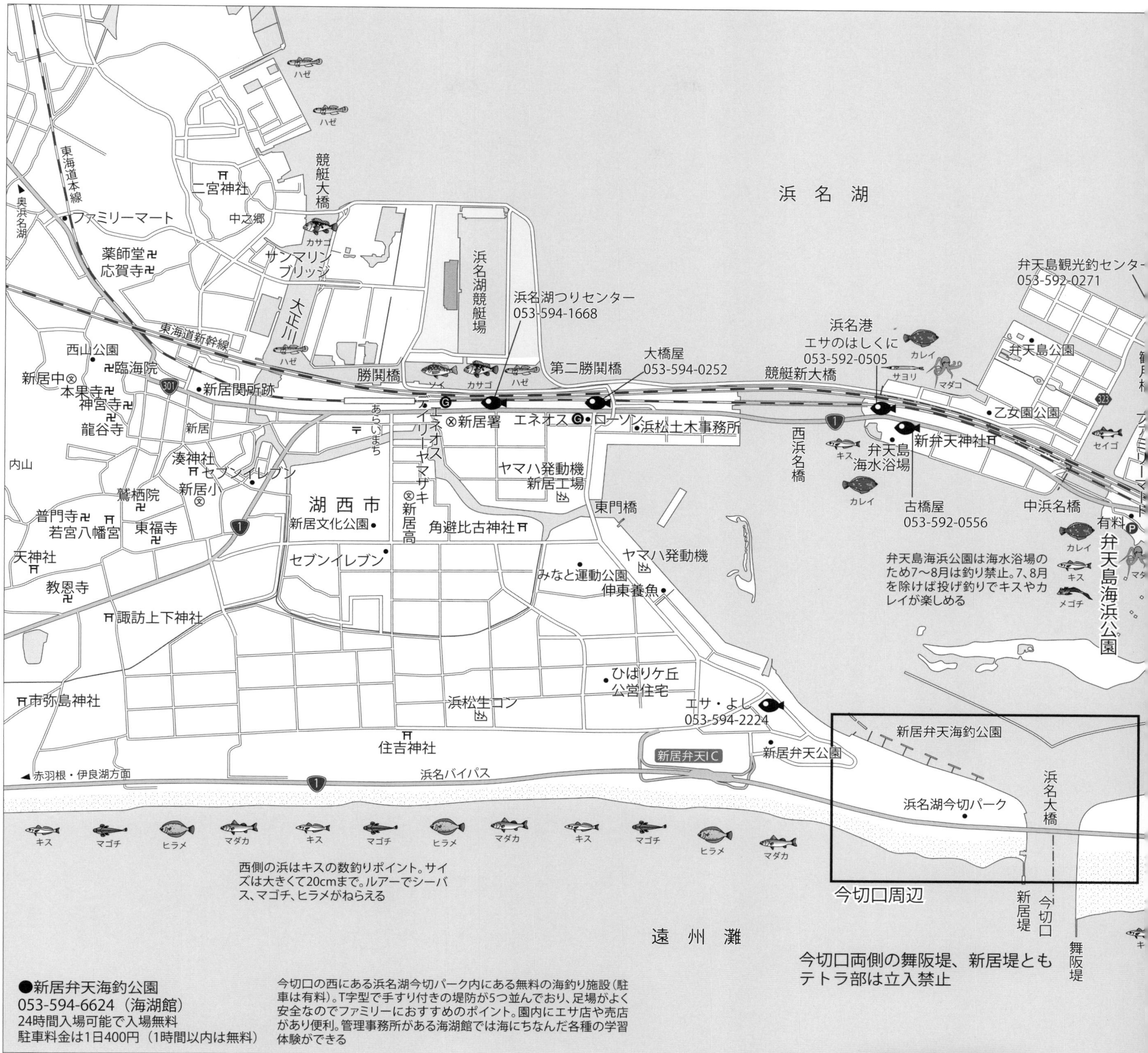
浜名湖
ハゼ
ハゼ
東海道本線
◀奥浜名湖
競艇大橋
二宮神社
中之郷
ファミリーマート
カサゴ
薬師堂
応賀寺
サンマリン
ブリッジ
浜名湖競艇場
浜名湖つりセンター
053-594-1668
大正川
東海道新幹線
ハゼ
西山公園
臨海院
新居中
本果寺
神宮寺
龍谷寺
新居関所跡
勝開橋
ソイ
カサゴ
ハゼ
第二勝開橋
大橋屋
053-594-0252
浜名港
エサのはしくに
053-592-0505
カレイ
サヨリ
マダコ
競艇新大橋
弁天島観光釣センター
053-592-0271
弁天島公園
乙女園公園
あらいまち
ディリーヤマザキ
エネオス
新居署
エネオス
ローソン
浜松土木事務所
新居
西浜名橋
キス
弁天島海水浴場
新弁天神社
セイゴ
内山
湊神社
セブンイレブン
新居小
鷲栖院
普門寺
若宮八幡宮
東福寺
湖西市
新居文化公園
新居高
ヤマハ発動機
新居工場
角避比古神社
カレイ
古橋屋
053-592-0556
中浜名橋
東門橋
有料
天神社
教恩寺
セブンイレブン
みなと運動公園
ヤマハ発動機
伸東養魚
弁天島海浜公園は海水浴場のため7～8月は釣り禁止。7、8月を除けば投げ釣りでキスやカレイが楽しめる
カレイ
キス
メゴチ
弁天島海浜公園
諏訪上下神社
ひばりケ丘
公営住宅
市弥島神社
浜松生コン
エサ・よし
053-594-2224
新居弁天海釣公園
住吉神社
新居弁天IC
新居弁天公園
◀赤羽根・伊良湖方面
浜名バイパス
浜名湖今切パーク
浜名大橋
キス
マゴチ
ヒラメ
マダカ
キス
マゴチ
ヒラメ
マダカ
キス
マゴチ
ヒラメ
マダカ
西側の浜はキスの数釣りポイント。サイズは大きくて20cmまで。ルアーでシーバス、マゴチ、ヒラメがねらえる
今切口周辺
新居堤
今切口
舞阪堤
遠州灘
今切口両側の舞阪堤、新居堤ともテトラ部は立入禁止

●新居弁天海釣公園
053-594-6624（海湖館）
24時間入場可能で入場無料
駐車料金は1日400円（1時間以内は無料）

今切口の西にある浜名湖今切パーク内にある無料の海釣り施設（駐車は有料）。T字型で手すり付きの堤防が5つ並んでおり、足場がよく安全なのでファミリーにおすすめのポイント。園内にエサ店や売店があり便利。管理事務所がある海湖館では海にちなんだ各種の学習体験ができる

今切口《いまぎれぐち》周辺

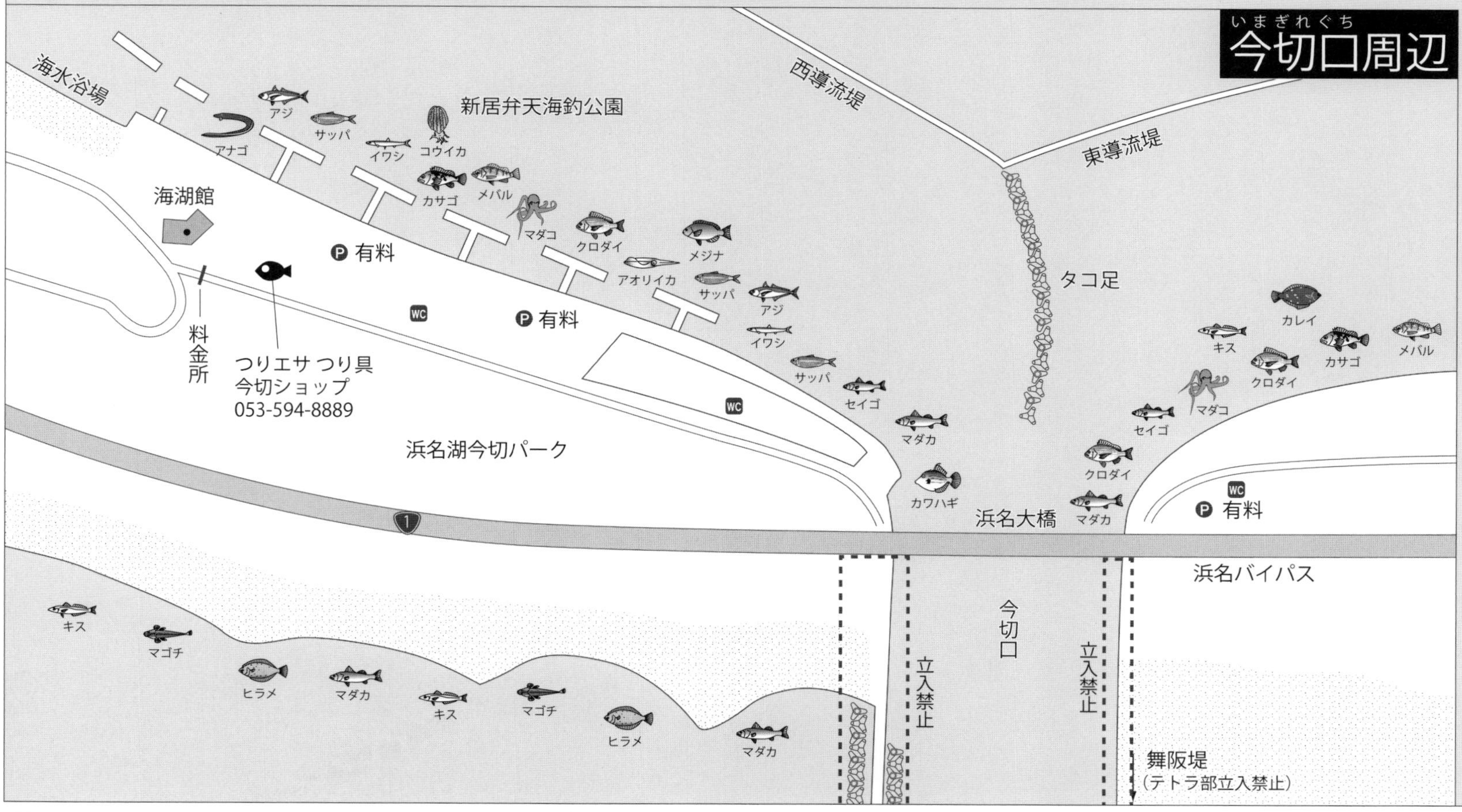
海水浴場
西導流堤
東導流堤
新居弁天海釣公園
アジ
サッパ
アナゴ
イワシ
コウイカ
カサゴ
メバル
マダコ
クロダイ
メジナ
アオリイカ
サッパ
アジ
イワシ
サッパ
セイゴ
マダカ
カワハギ
海湖館
有料
有料
タコ足
料金所
つりエサ つり具
今切ショップ
053-594-8889
カレイ
キス
カサゴ
メバル
クロダイ
マダコ
セイゴ
クロダイ
マダカ
有料
浜名湖今切パーク
浜名大橋
浜名バイパス
今切口
立入禁止
立入禁止
キス
マゴチ
ヒラメ
マダカ
キス
マゴチ
ヒラメ
マダカ
舞阪堤
（テトラ部立入禁止）

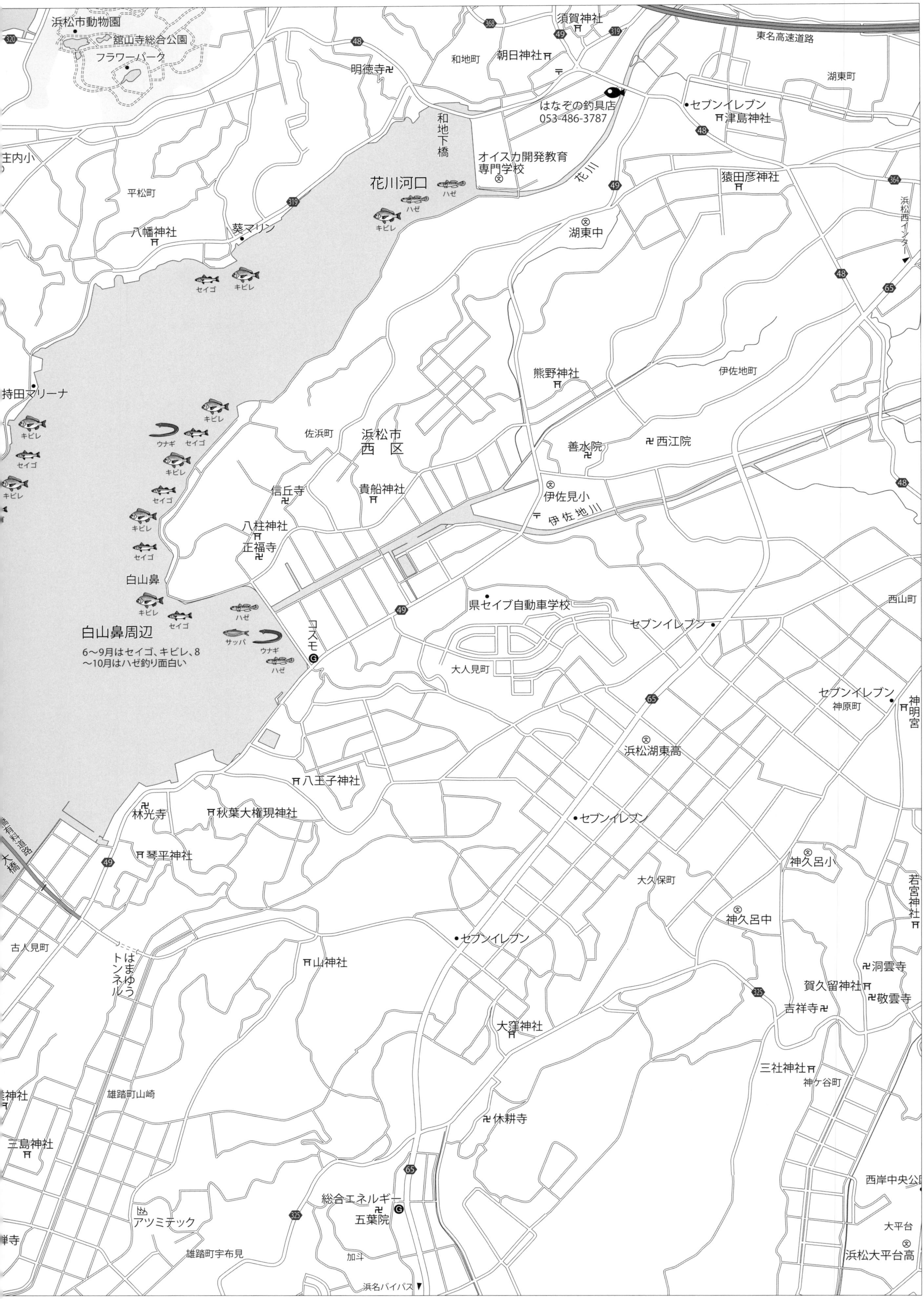

浜松市動物園
舘山寺総合公園
フラワーパーク
明徳寺
和地町
朝日神社
須賀神社
東名高速道路
湖東町
はなぞの釣具店
053-486-3787
セブンイレブン
津島神社
和地下橋
オイスカ開発教育
専門学校
花川
猿田彦神社
庄内小
平松町
花川河口
ハゼ
キビレ
八幡神社
葵マリン
湖東中
浜松西インター
セイゴ
キビレ
熊野神社
伊佐地町
持田マリーナ
佐浜町
浜松市
西区
善水院
西江院
ウナギ
セイゴ
信丘寺
貴船神社
伊佐見小
伊佐地川
八柱神社
正福寺
白山鼻
県セイブ自動車学校
西山町
白山鼻周辺
6～9月はセイゴ、キビレ、8～10月はハゼ釣り面白い
サッパ
コスモ
セブンイレブン
大人見町
セブンイレブン
神原町
神明宮
浜松湖東高
八王子神社
林光寺
秋葉大権現神社
セブンイレブン
琴平神社
大橋
神久呂小
大久保町
若宮神社
神久呂中
古人見町
はまゆうトンネル
セブンイレブン
山神社
洞雲寺
賀久留神社
敬雲寺
吉祥寺
大窪神社
三社神社
神ケ谷町
雄踏町山崎
休耕寺
三島神社
西岸中央公園
総合エネルギー
五葉院
アツミテック
大平台
浜松大平台高
雄踏町宇布見
加斗
浜名バイパス

浜名湖《はまなこ》東部

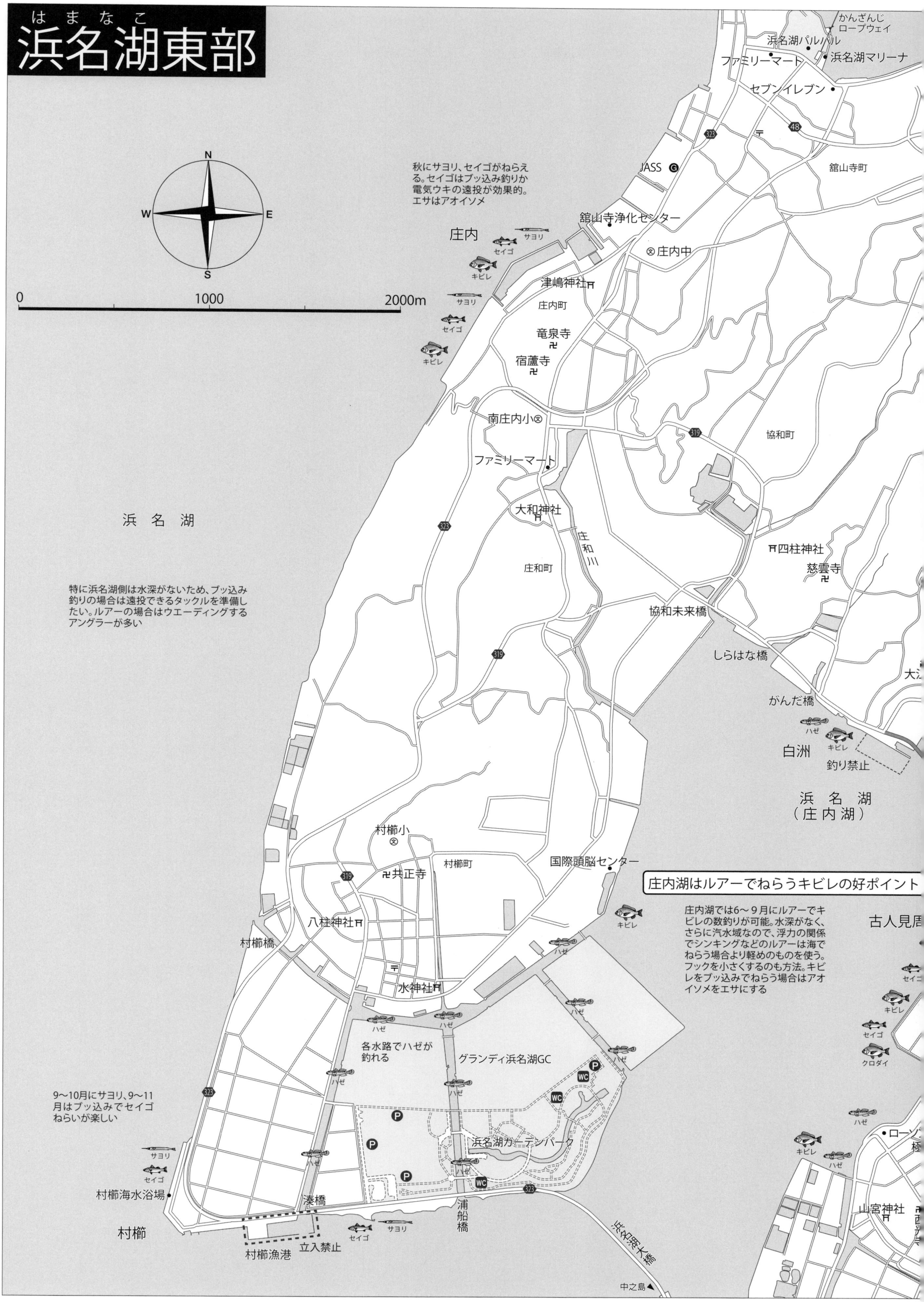
N
S
W
E
0
1000
2000m
かんざんじ
ロープウェイ
浜名湖パルパル
浜名湖マリーナ
ファミリーマート
セブンイレブン
館山寺町
JASS
秋にサヨリ、セイゴがねらえる。セイゴはブッ込み釣りか電気ウキの遠投が効果的。エサはアオイソメ
館山寺浄化センター
庄内
庄内中
サヨリ
セイゴ
キビレ
津嶋神社
庄内町
竜泉寺
宿蘆寺
南庄内小
協和町
ファミリーマート
大和神社
庄和川
浜 名 湖
四柱神社
慈雲寺
庄和町
特に浜名湖側は水深がないため、ブッ込み釣りの場合は遠投できるタックルを準備したい。ルアーの場合はウエーディングするアングラーが多い
協和未来橋
しらはな橋
がんだ橋
ハゼ
白洲
釣り禁止
浜 名 湖
（庄 内 湖）
村櫛小
村櫛町
共正寺
国際頭脳センター
庄内湖はルアーでねらうキビレの好ポイント
庄内湖では6～9月にルアーでキビレの数釣りが可能。水深がなく、さらに汽水域なので、浮力の関係でシンキングなどのルアーは海でねらう場合より軽めのものを使う。フックを小さくするのも方法。キビレをブッ込みでねらう場合はアオイソメをエサにする
古人見
八柱神社
村櫛橋
水神社
クロダイ
各水路でハゼが釣れる
グランディ浜名湖GC
9～10月にサヨリ、9～11月はブッ込みでセイゴねらいが楽しい
浜名湖ガーデンパーク
山宮神社
村櫛海水浴場
湊橋
浦船橋
村櫛
村櫛漁港
立入禁止
浜名湖大橋
中之島
323
319
48

浜名湖《はまなこ》北部

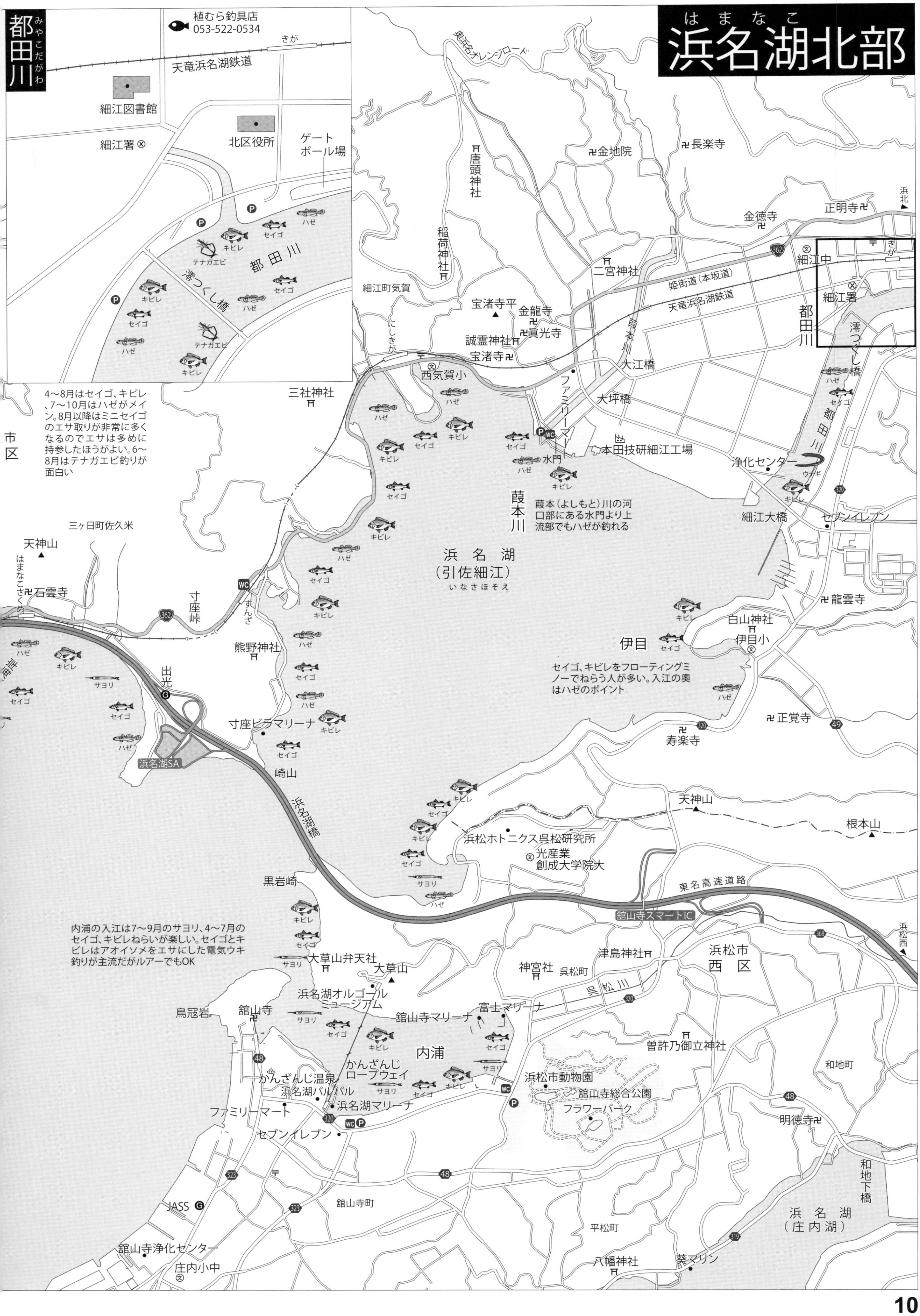
都田川《みやこだがわ》
植むら釣具店
053-522-0534
きが
天竜浜名湖鉄道
細江図書館
細江署
北区役所
ゲート
ボール場
都田川
澪つくし橋
セイゴ
キビレ
ハゼ
テナガエビ
4〜8月はセイゴ、キビレ、7〜10月はハゼがメイン。8月以降はミニセイゴのエサ取りが非常に多くなるのでエサは多めに持参したほうがよい。6〜8月はテナガエビ釣りが面白い
奥浜名オレンジロード
唐頭神社
稲荷神社
金地院
長楽寺
金徳寺
正明寺
浜北
二宮神社
細江中
姫街道(本坂道)
天竜浜名湖鉄道
細江署
細江町気賀
宝渚寺平
金龍寺
眞光寺
誠霊神社
宝渚寺
にしきが
西気賀小
大江橋
大坪橋
ファミリーマート
水門
本田技研細江工場
三社神社
浄化センター
ウナギ
細江大橋
セブンイレブン
都田川
澪つくし橋
市区
三ヶ日町佐久米
天神山
はまなこさくめ
石雲寺
寸座峠
すんざ
熊野神社
出光
浜名湖SA
寸座ビラマリーナ
崎山
浜名湖橋
黒岩崎
瑚本川
瑚本(よしもと)川の河口部にある水門より上流部でもハゼが釣れる
浜名湖
(引佐細江)
いなさほそえ
伊目
白山神社
伊目小
龍雲寺
セイゴ、キビレをフローティングミノーでねらう人が多い。入江の奥はハゼのポイント
正覚寺
寿楽寺
天神山
根本山
浜松ホトニクス呉松研究所
光産業
創成大学院大
東名高速道路
舘山寺スマートIC
浜松西
内浦の入江は7〜9月のサヨリ、4〜7月のセイゴ、キビレねらいが楽しい。セイゴとキビレはアオイソメをエサにした電気ウキ釣りが主流だがルアーでもOK
大草山弁天社
大草山
浜名湖オルゴールミュージアム
鳥冠岩
舘山寺
舘山寺マリーナ
富士マリーナ
神宮社
呉松町
津島神社
浜松市
西区
呉松川
曽許乃御立神社
内浦
かんざんじ
ロープウェイ
かんざんじ温泉
浜名湖パルパル
浜名湖マリーナ
ファミリーマート
セブンイレブン
浜松市動物園
舘山寺総合公園
フラワーパーク
和地町
明徳寺
和地下橋
舘山寺町
JASS
平松町
浜名湖
(庄内湖)
舘山寺浄化センター
庄内小中
八幡神社
葵マリン
サヨリ

瀬《せ》戸《と》水《すい》道《どう》
猪鼻湖《いのはなこ》
浜　名　湖
猪鼻湖は全体に非常に浅くセイゴやキビレねらいは投げ釣りやブッ込み釣りが中心。岸辺のミャク釣りではハゼもOK
都築海岸
セイゴの釣期が長く例年3月頭から11月までねらえる。9～11月はサヨリもOK
瀬戸水道は水深があり、冬場に良型のカレイが釣れることで有名なポイントだが駐車場がないのが難点。外道に20cmを超すハゼが釣れるのもうれしい。東岸からが本命だが根掛かりが多いので仕掛けの予備は多めに準備したい。西岸からは落とし込みや電気ウキ釣りでクロダイがねらえる
良型カレイの好ポイント
大崎～瀬戸水道あたりに20cm級のサバが回遊することがあり、投げサビキやメタルジグでねらえる
大崎は道路からも遠くアクセスは徒歩で。岩場からの釣りになるので足下に注意、外海ではないがライフジャケットは必携。サヨリ、カレイのほか、夜釣りでキビレやセイゴをねらう人も多い。毎年7月頃にギマが釣れる
名倉精工
新城
豊川
三ヶ日町福長
三ヶ日町宇志
摩訶耶寺
岡本八幡宮
森下橋
三ヶ日町摩訶耶
宇利山川
初生衣神社
三ヶ日町岡本
浜名惣社神明宮
御薗神明宮
御薗橋
ファミリーマート
吉祥寺
神宮寺
釣橋川
護国神社
三ヶ日西小
東海プラスチック
三ヶ日町三ヶ日
三ヶ日町釣
三ヶ日高
図書館
総合福祉センター
東名高速道路
オオヤ鉄工所
都築大谷川
奥浜名オレンジロード
豊橋
新城
JASS
セブンイレブン
日比沢川
みっかび
三ヶ日町津々崎
三ヶ日町鵜代
三代橋
宇志八幡宮
宇志川
白山神社
三ヶ日町駒場
三ヶ日中
利正院
大明神山
慈眼寺
エネオス
隣海院
日本ケーブルシステム
姫街道(本坂道)
都築大谷川
八柱神社
つづき
三ヶ日IC
エネオス
白山神社
天竜浜名湖鉄道
トヨタ研修所
おくはまなこ
東海プラスチック
ミニストップ
三ヶ日東小
陽向院
エネオス
太幸寺
熱田神社
三ヶ日町都築
ファミリーマート
森岡製作所
ひがしつづき
三ヶ日町下尾奈
天竜浜名湖線
広福寺
都築変電所
尾奈小
円通寺
龍谷寺
おな
西神田川
神田橋
都築海岸
浜交マリーナ
本城山
猪鼻瀬戸
湖西市
猪鼻湖神社
横山
瀬戸橋
大崎小
三ヶ日町大崎
浜見ケ浦
瀬戸水道
新瀬戸橋
奥浜名湖マリーナ
宝珠寺
ビーチスマリーナ
法憧寺
大崎海水浴場
礫石神社
礫島
大崎
ハゼ
キビレ
セイゴ
サヨリ
カレイ
サバ
ギマ
クロダイ
三ヶ日
湖西市
新瀬戸橋
三ヶ日インター
N
S
E
W
0
1000
2000m

浜名湖《はまなこ》西部

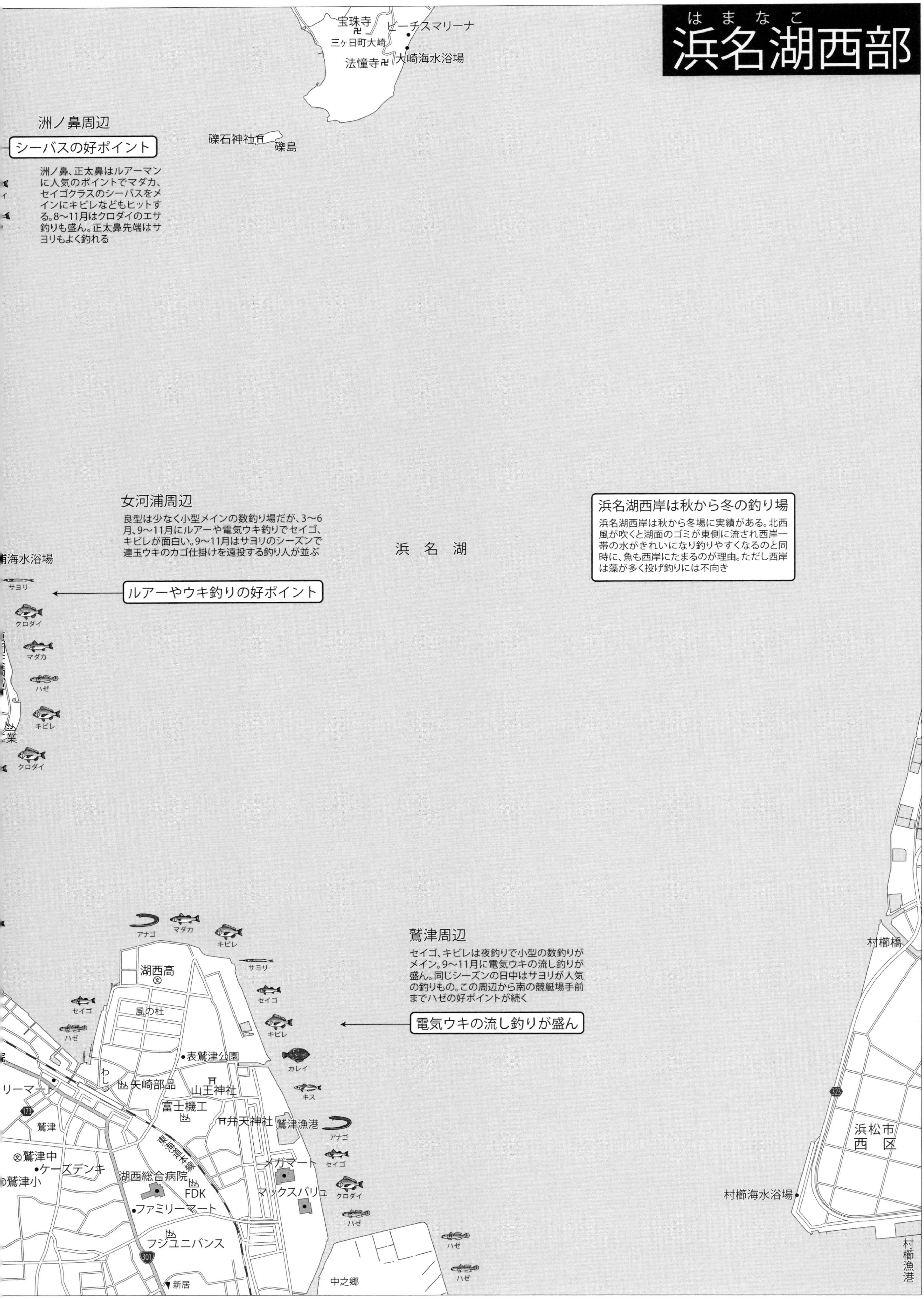
宝珠寺
ビーチスマリーナ
三ヶ日町大崎
法憧寺
大崎海水浴場
礫石神社
礫島
洲ノ鼻周辺
シーバスの好ポイント
洲ノ鼻、正太鼻はルアーマンに人気のポイントでマダカ、セイゴクラスのシーバスをメインにキビレなどもヒットする。8～11月はクロダイのエサ釣りも盛ん。正太鼻先端はサヨリもよく釣れる
女河浦周辺
良型は少なく小型メインの数釣り場だが、3～6月、9～11月にルアーや電気ウキ釣りでセイゴ、キビレが面白い。9～11月はサヨリのシーズンで連玉ウキのカゴ仕掛けを遠投する釣り人が並ぶ
浜　名　湖
浜名湖西岸は秋から冬の釣り場
浜名湖西岸は秋から冬場に実績がある。北西風が吹くと湖面のゴミが東側に流され西岸一帯の水がきれいになり釣りやすくなるのと同時に、魚も西岸にたまるのが理由。ただし西岸は藻が多く投げ釣りには不向き
浦海水浴場
サヨリ
ルアーやウキ釣りの好ポイント
クロダイ
マダカ
ハゼ
キビレ
クロダイ
アナゴ
マダカ
キビレ
サヨリ
湖西高
セイゴ
セイゴ
風の杜
ハゼ
キビレ
鷲津周辺
セイゴ、キビレは夜釣りで小型の数釣りがメイン。9～11月に電気ウキの流し釣りが盛ん。同じシーズンの日中はサヨリが人気の釣りもの。この周辺から南の競艇場手前までハゼの好ポイントが続く
電気ウキの流し釣りが盛ん
表鷲津公園
カレイ
矢崎部品
山王神社
キス
リーマート
富士機工
弁天神社
鷲津漁港
アナゴ
173
鷲津
東海道本線
鷲津中
ケーズデンキ
鷲津小
湖西総合病院
FDK
メガマート
セイゴ
マックスバリュ
クロダイ
ファミリーマート
ハゼ
フジユニバンス
301
ハゼ
ハゼ
中之郷
新居
村櫛橋
323
浜松市
西　区
村櫛海水浴場
村櫛漁港

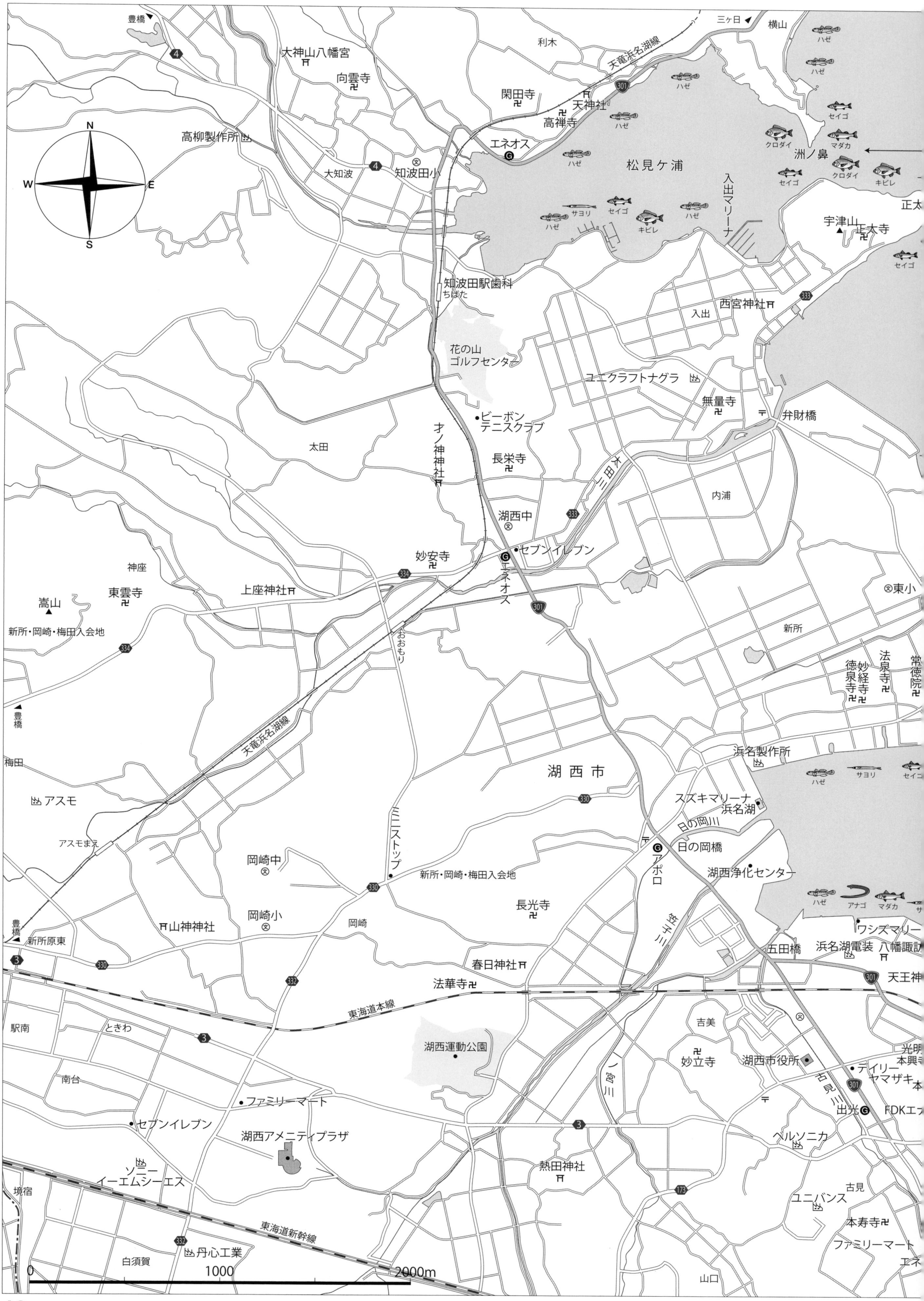
豊橋
4
大神山八幡宮
向雲寺
利木
天竜浜名湖線
三ヶ日
横山
ハゼ
301
閑田寺
天神社
高禅寺
エネオス
セイゴ
クロダイ
マダカ
洲ノ鼻
松見ケ浦
キビレ
サヨリ
入出マリーナ
高柳製作所
N
W
E
S
大知波
知波田小
宇津山
正太寺
正太
知波田駅歯科
ちばた
入出
西宮神社
333
花の山
ゴルフセンター
ユニクラフトナグラ
無量寺
弁財橋
ビーボン
テニスクラブ
才ノ神神社
太田
長栄寺
太田川
内浦
湖西中
セブンイレブン
妙安寺
エネオス
334
神座
上座神社
東雲寺
嵩山
新所・岡崎・梅田入会地
東小
新所
おおもり
法泉寺
妙経寺
徳泉寺
常徳院
天竜浜名湖線
豊橋
梅田
浜名製作所
湖西市
アスモ
スズキマリーナ
浜名湖
330
日の岡川
日の岡橋
ミニストップ
アスモまえ
アポロ
湖西浄化センター
岡崎中
新所・岡崎・梅田入会地
アナゴ
長光寺
笠子川
岡崎小
山神神社
岡崎
豊橋
新所原東
五田橋
浜名湖電装
春日神社
3
332
天王神
法華寺
東海道本線
駅南
ときわ
吉美
湖西運動公園
光明
本興寺
妙立寺
湖西市役所
デイリー
ヤマザキ
古見川
南台
ノ宮川
ファミリーマート
出光
セブンイレブン
湖西アメニティプラザ
ベルソニカ
ソニー
イーエムシーエス
熱田神社
境宿
173
古見
ユニバンス
東海道新幹線
本寿寺
丹心工業
ファミリーマート
白須賀
山口
0
1000
2000m

渥美表浜《あつみおもてはま》

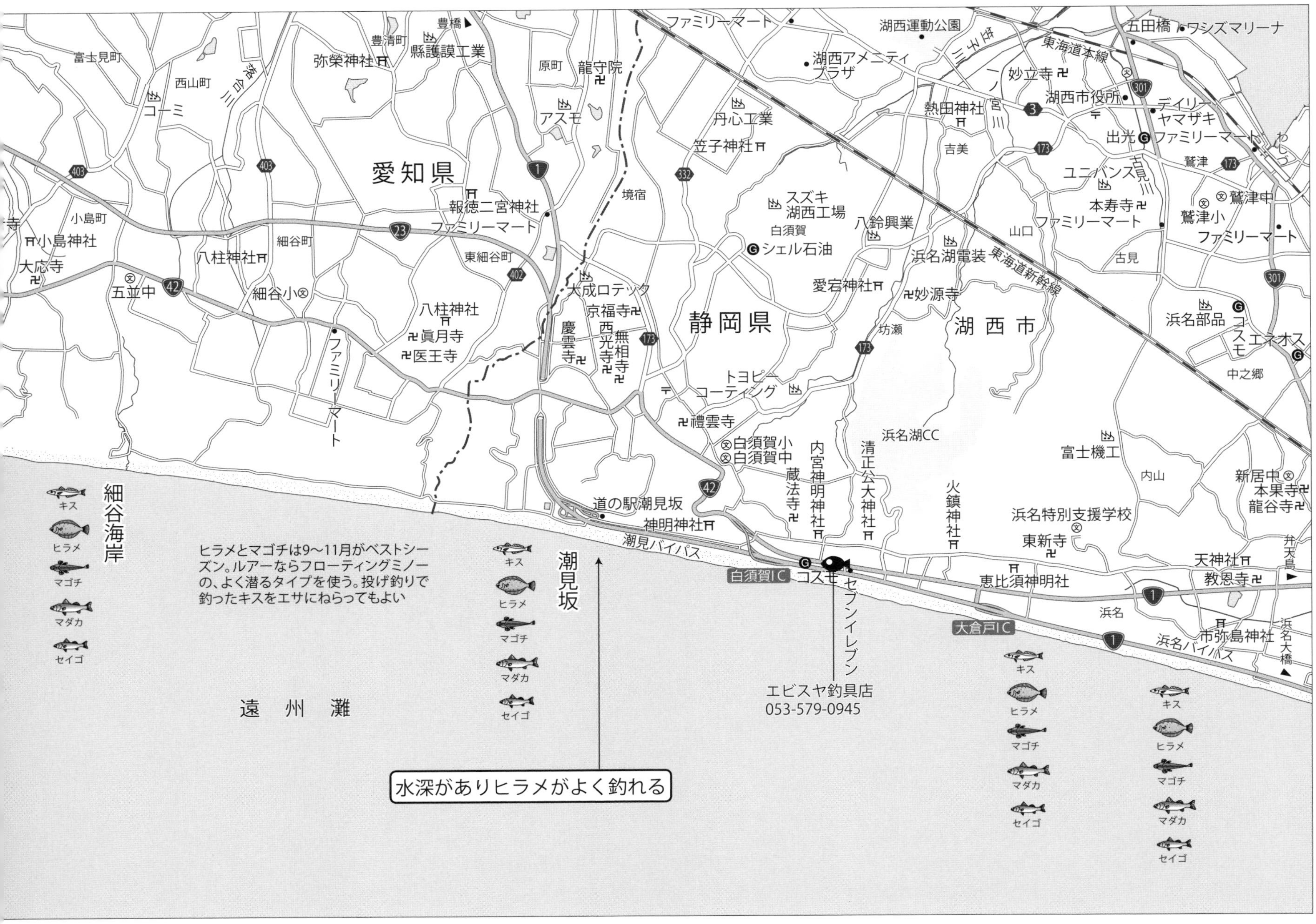

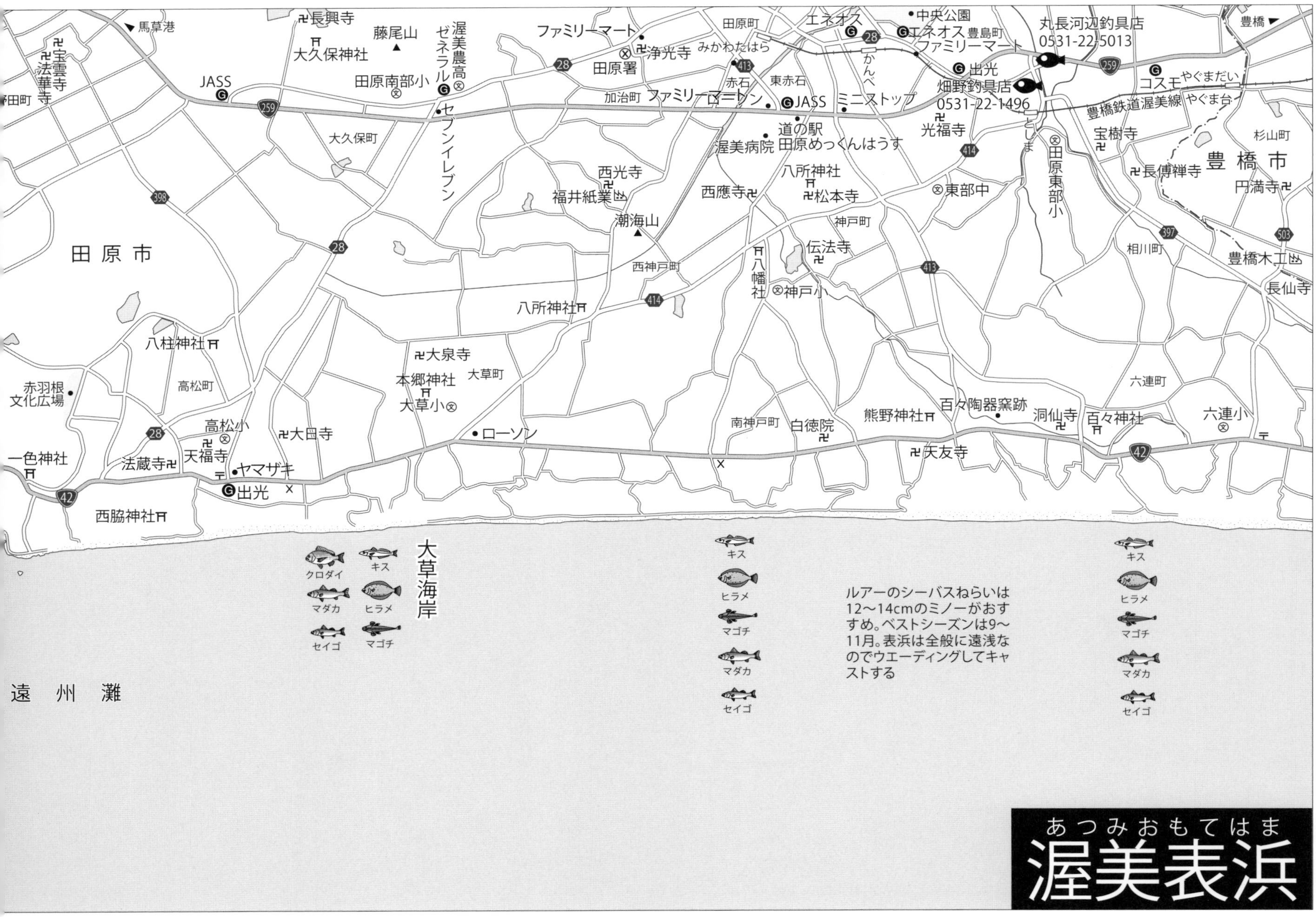

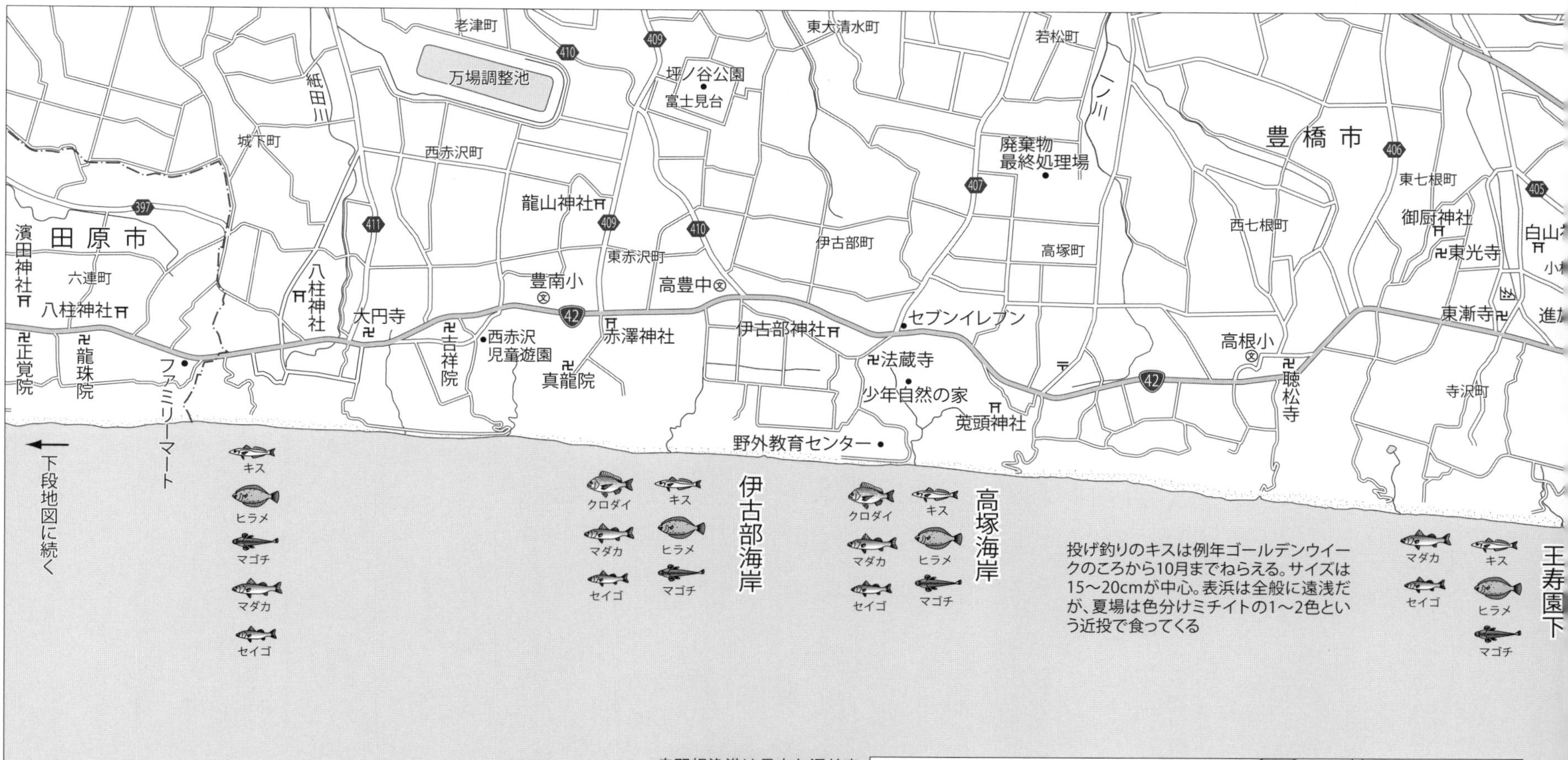

投げ釣りのキスは例年ゴールデンウイークのころから10月までねらえる。サイズは15～20cmが中心。表浜は全般に遠浅だが、夏場は色分けミチイトの1～2色という近投で食ってくる

赤羽根漁港は長大な渥美表浜にある唯一の大きな港。釣り場としては東堤の港内向きがメインで、6月から秋まで小アジが回遊し家族連れでサビキ釣りが楽しめる。東堤のテトラ側では前打ちでクロダイも面白い。夏場は港内、浜向きともチョイ投げでキスが釣れる。西堤は途中からテトラだけになるので危険

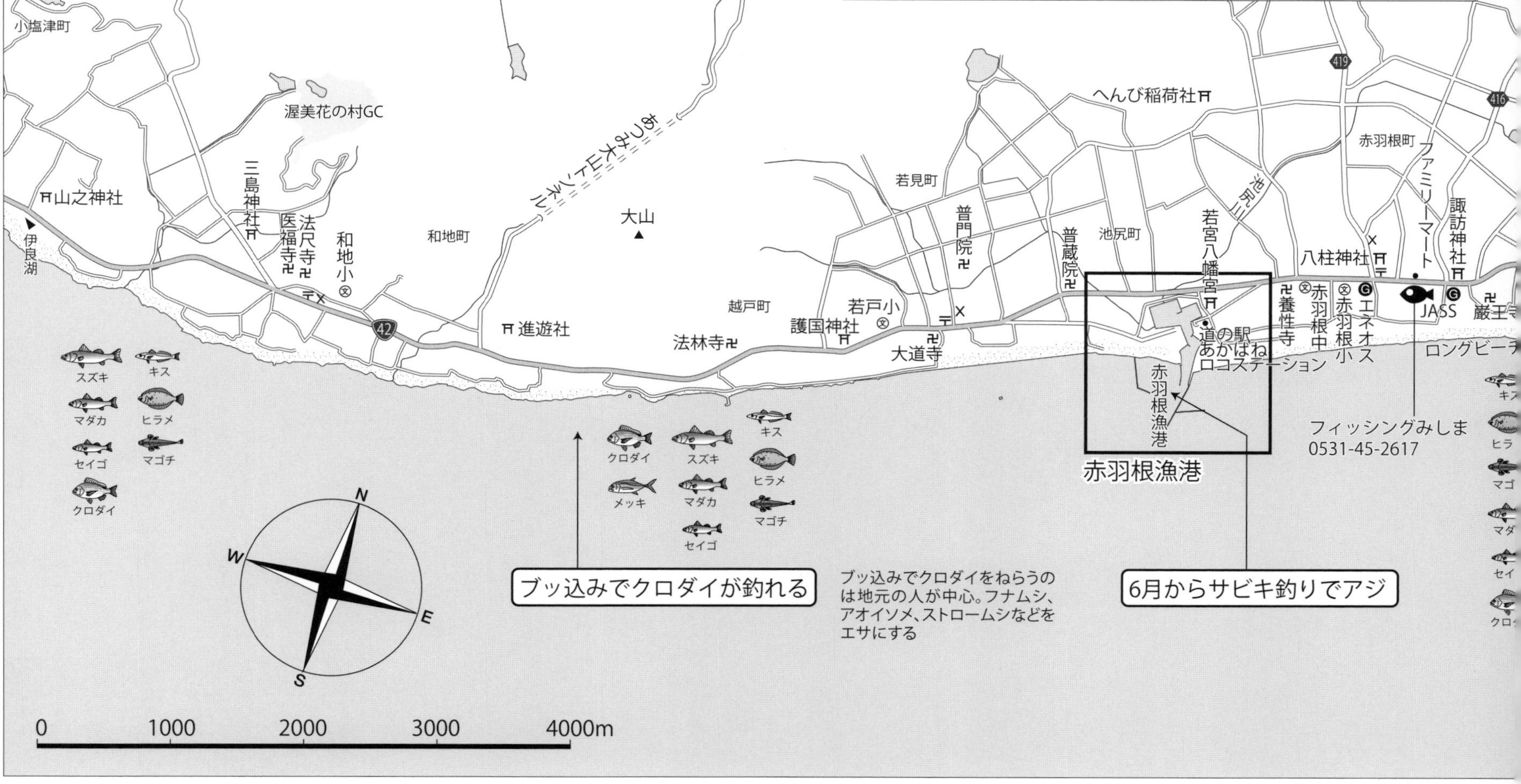

ブッ込みでクロダイをねらうのは地元の人が中心。フナムシ、アオイソメ、ストロームシなどをエサにする

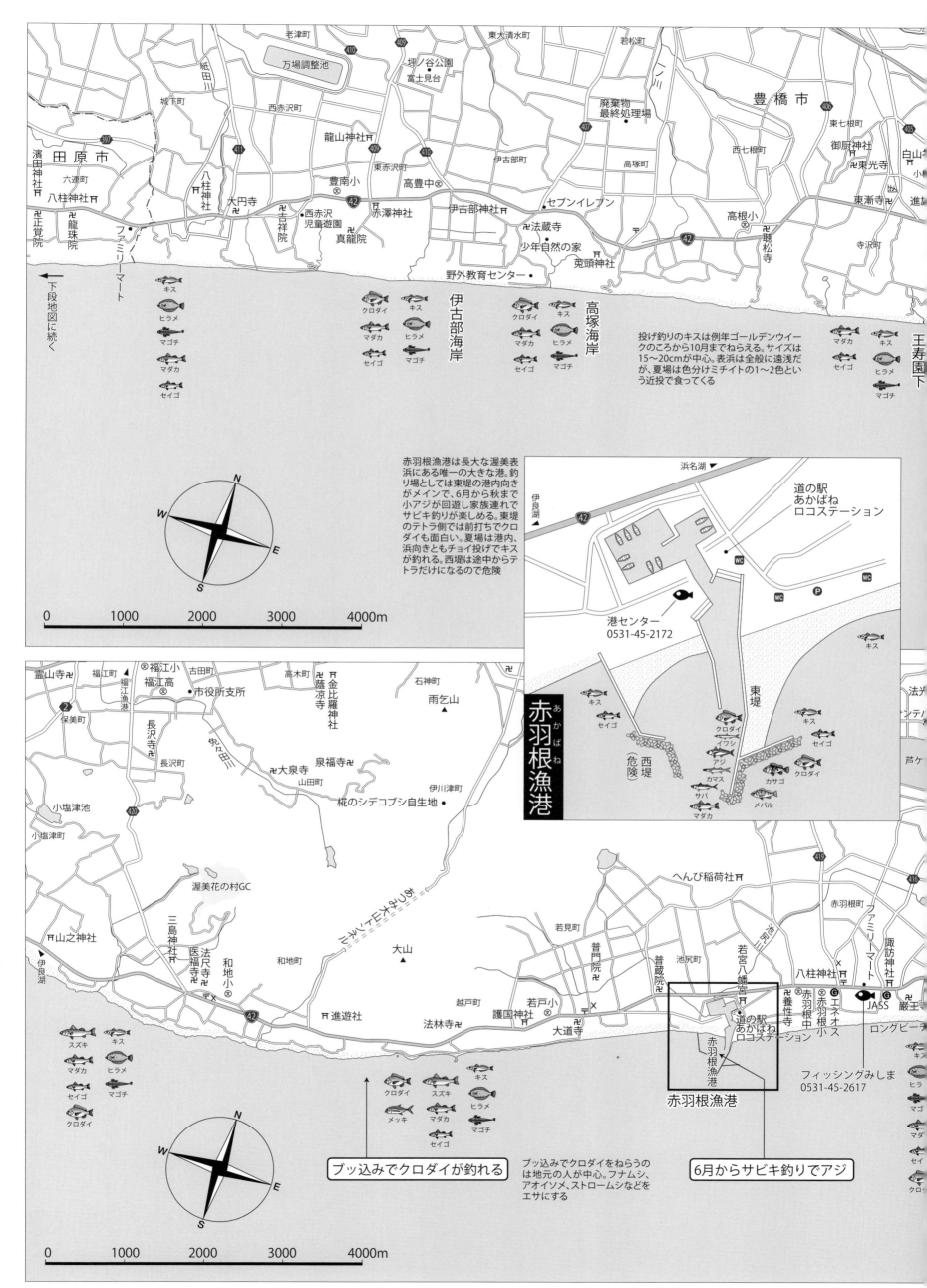

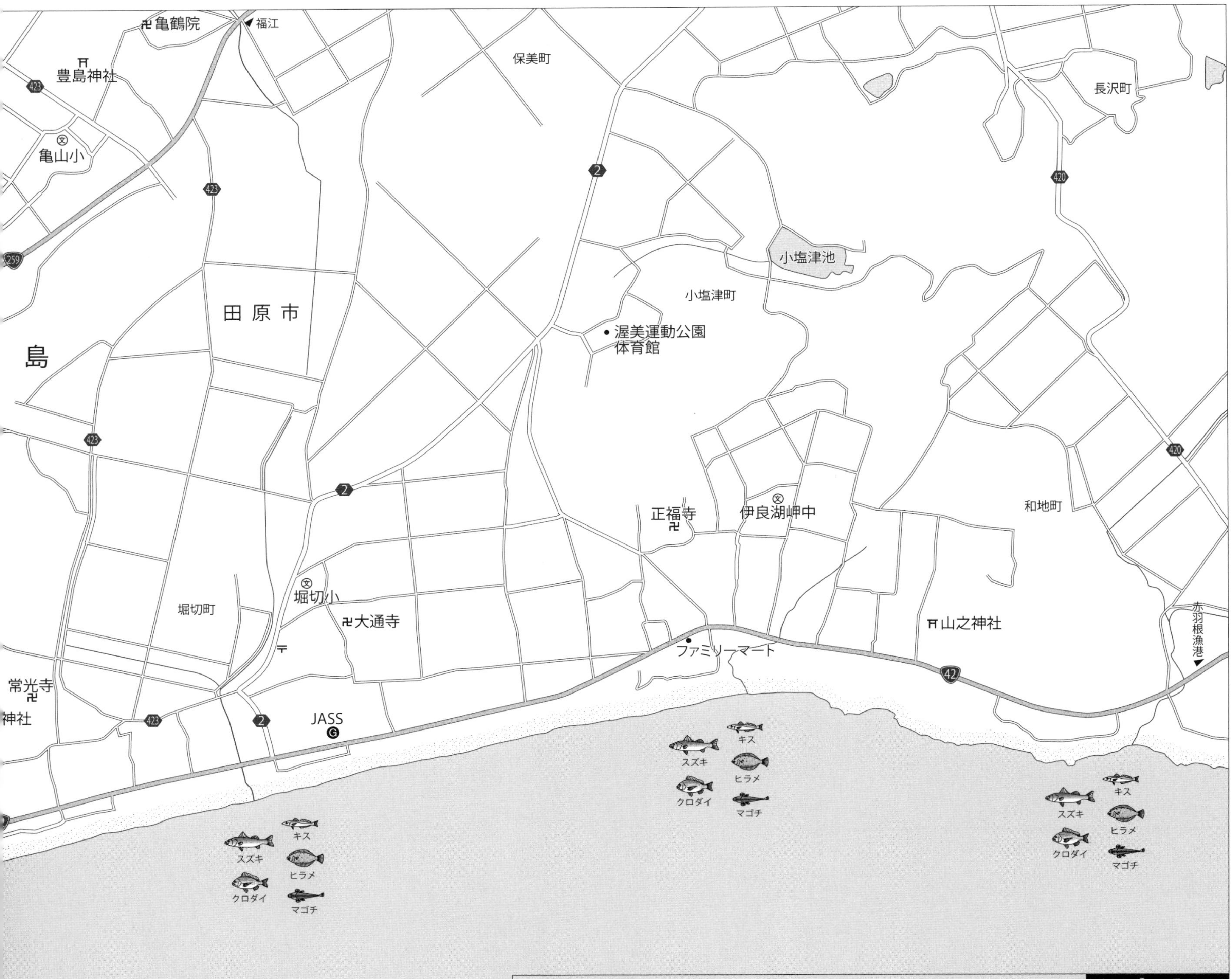

亀鶴院
福江
豊島神社
亀山小
保美町
長沢町
小塩津池
小塩津町
渥美運動公園
体育館
田原市
島
正福寺
伊良湖岬中
和地町
堀切町
堀切小
大通寺
山之神社
赤羽根漁港
ファミリーマート
常光寺
神社
JASS
遠州灘
キス
スズキ
ヒラメ
クロダイ
マゴチ

伊良湖《いらご》港

伊良湖港は三重県鳥羽を結ぶフェリーの発着場。初夏から秋は小アジと遊ぶサビキファンでにぎわう。ここだけの変わり種は3月頃に釣れるコウナゴ（イカナゴ）。独特のサビキ仕掛け（スターファイバー付き）でねらう。アオリイカも多く4～6月は大型の親イカがねらえる。特大4kgクラスの実績もある。秋の9～10月は餌木でコロッケサイズ～小型が数釣れるシーズン。ほかにキス、メゴチ、スズキ、クロダイ、メバル、カサゴなど釣りものが豊富

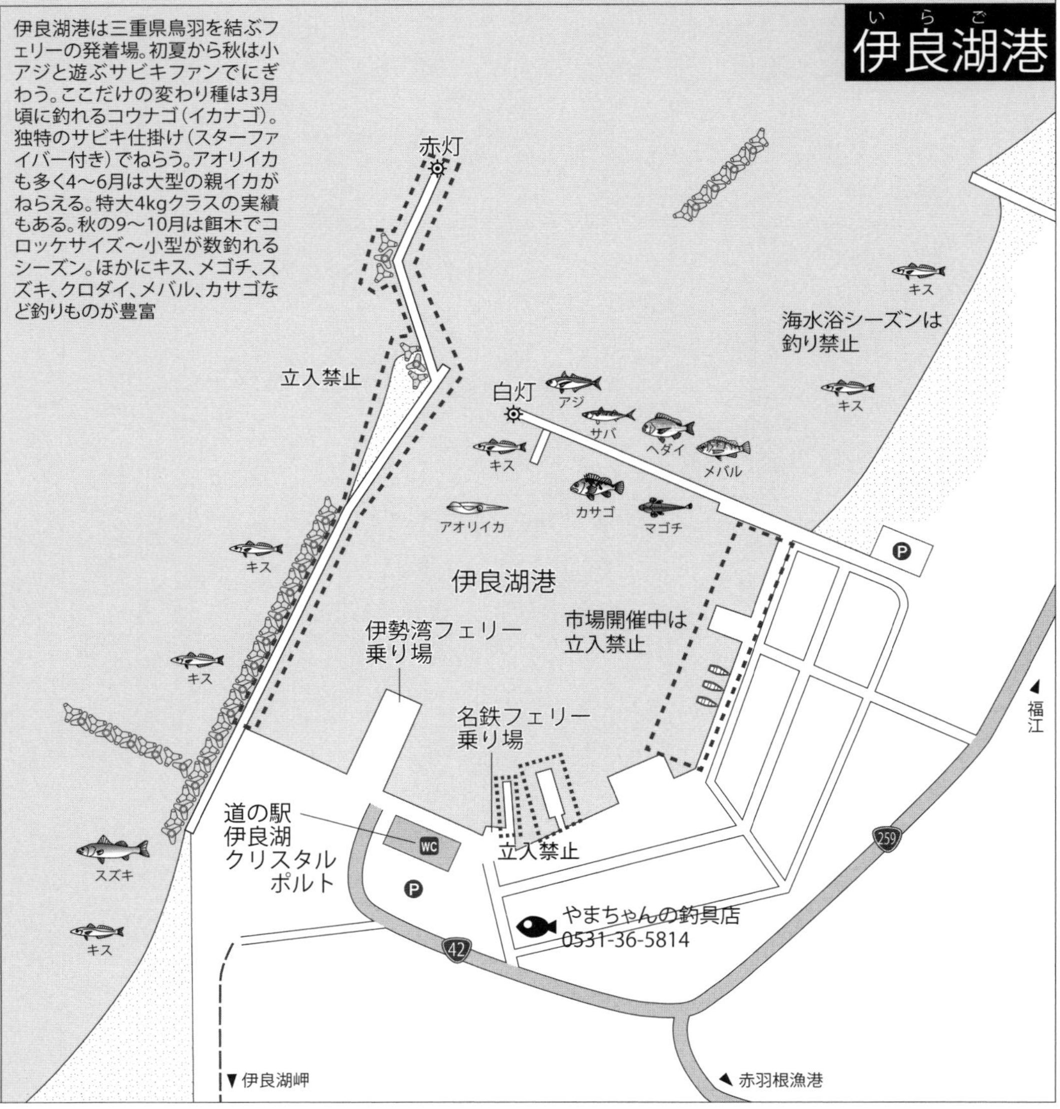

赤灯
白灯
立入禁止
海水浴シーズンは
釣り禁止
キス
アジ
サバ
ヘダイ
メバル
カサゴ
マゴチ
アオリイカ
スズキ
伊良湖港
伊勢湾フェリー
乗り場
市場開催中は
立入禁止
名鉄フェリー
乗り場
道の駅
伊良湖
クリスタル
ポルト
立入禁止
やまちゃんの釣具店
0531-36-5814
福江
伊良湖岬
赤羽根漁港

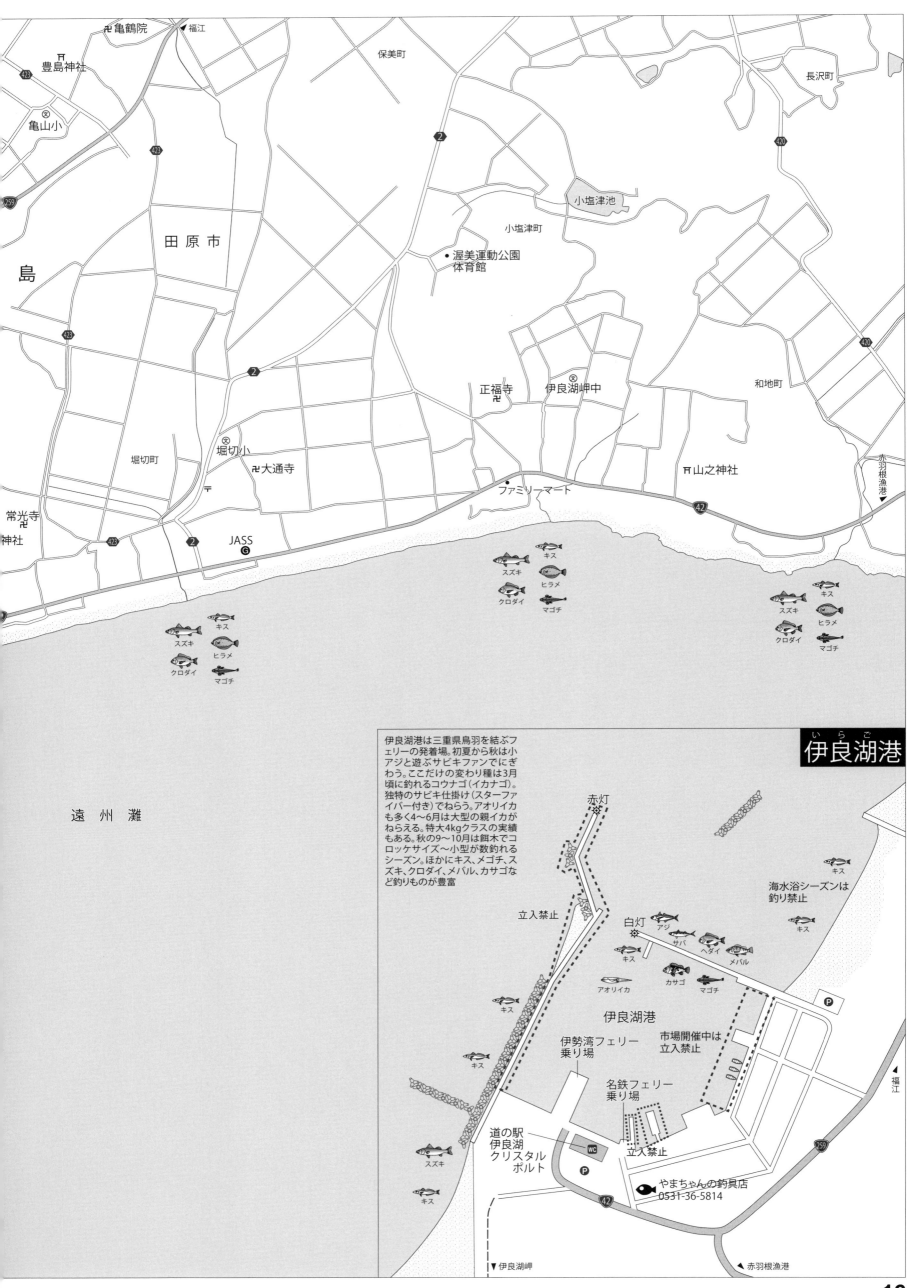

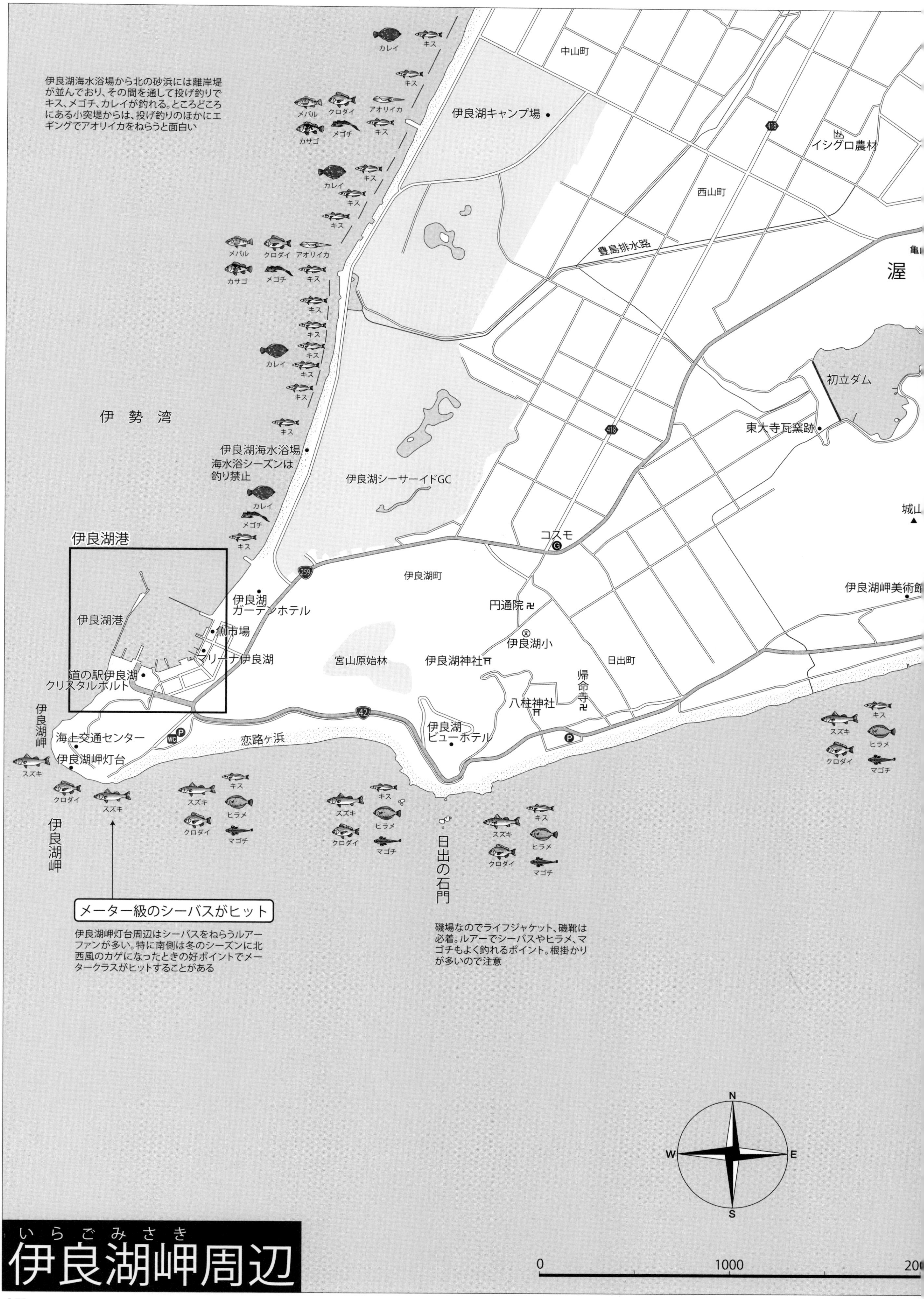
伊良湖海水浴場から北の砂浜には離岸堤が並んでおり、その間を通して投げ釣りでキス、メゴチ、カレイが釣れる。ところどころにある小突堤からは、投げ釣りのほかにエギングでアオリイカをねらうと面白い
カレイ
キス
メバル
クロダイ
アオリイカ
カサゴ
メゴチ
中山町
伊良湖キャンプ場
418
イシグロ農材
西山町
豊島排水路
渥
伊勢湾
伊良湖海水浴場
海水浴シーズンは
釣り禁止
初立ダム
東大寺瓦窯跡
伊良湖シーサイドGC
城山
コスモ
伊良湖港
259
伊良湖町
伊良湖岬美術館
伊良湖
ガーデンホテル
円通院
魚市場
伊良湖小
マリーナ伊良湖
宮山原始林
伊良湖神社
日出町
道の駅伊良湖
クリスタルポルト
帰命寺
八柱神社
42
伊良湖岬
伊良湖
ビューホテル
海上交通センター
恋路ヶ浜
伊良湖岬灯台
スズキ
ヒラメ
マゴチ
日出の石門
メーター級のシーバスがヒット
伊良湖岬灯台周辺はシーバスをねらうルアーファンが多い。特に南側は冬のシーズンに北西風のカゲになったときの好ポイントでメータークラスがヒットすることがある
磯場なのでライフジャケット、磯靴は必着。ルアーでシーバスやヒラメ、マゴチもよく釣れるポイント。根掛かりが多いので注意
N
W
E
S
0
1000

伊良湖岬《いらごみさき》周辺

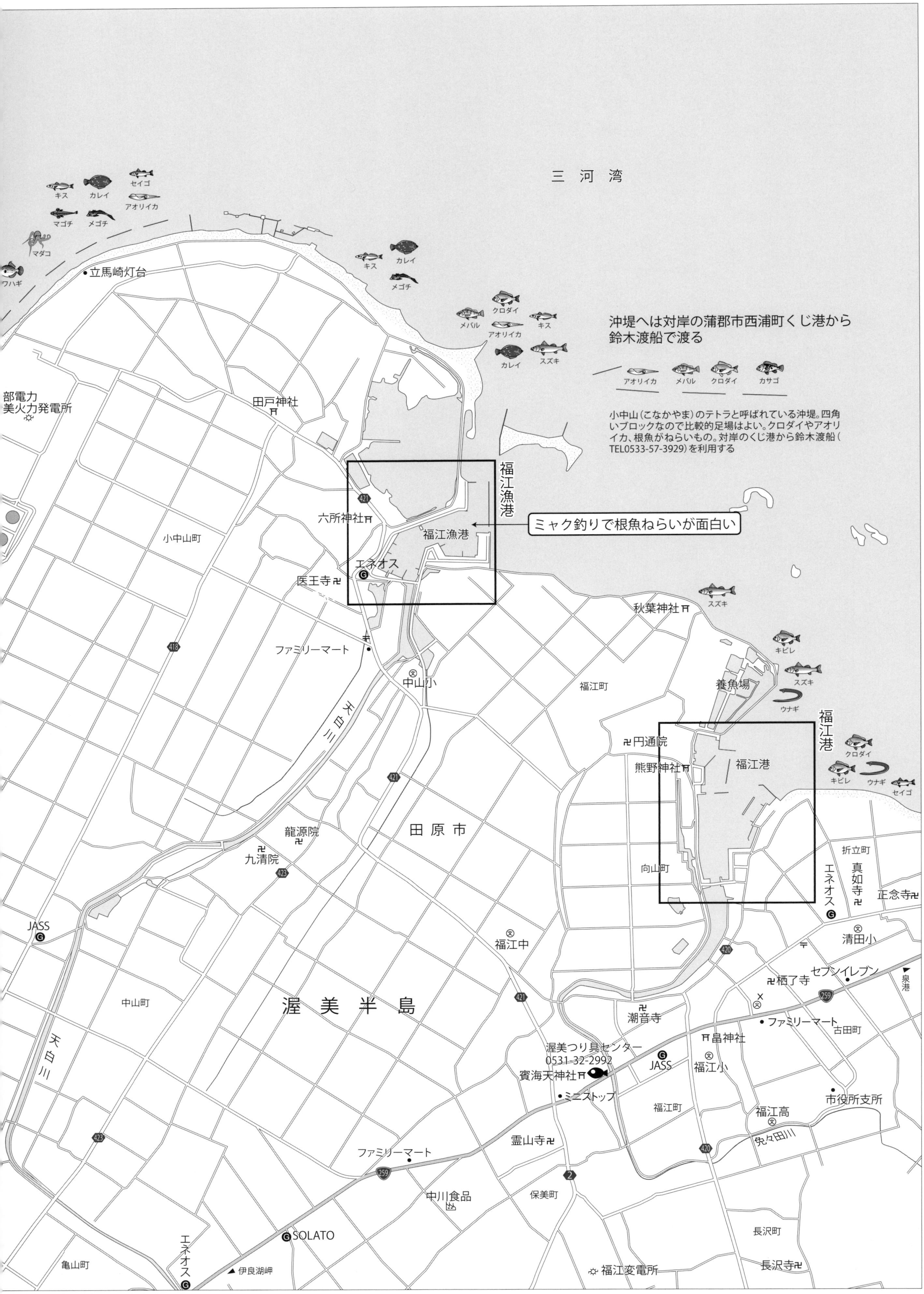
三河湾
キス
カレイ
セイゴ
アオリイカ
マゴチ
メゴチ
マダコ
ワハギ
立馬崎灯台
キス
カレイ
メゴチ
クロダイ
メバル
キス
アオリイカ
カレイ
スズキ
沖堤へは対岸の蒲郡市西浦町くじ港から鈴木渡船で渡る
アオリイカ
メバル
クロダイ
カサゴ
小中山(こなかやま)のテトラと呼ばれている沖堤。四角いブロックなので比較的足場はよい。クロダイやアオリイカ、根魚がねらいもの。対岸のくじ港から鈴木渡船(TEL0533-57-3929)を利用する
部電力
美火力発電所
田戸神社
福江漁港
ミャク釣りで根魚ねらいが面白い
六所神社
小中山町
福江漁港
エネオス
医王寺
秋葉神社
スズキ
ファミリーマート
中山小
福江町
養魚場
キビレ
スズキ
ウナギ
福江港
天白川
円通院
熊野神社
福江港
クロダイ
キビレ
ウナギ
セイゴ
龍源院
田原市
九清院
向山町
折立町
エネオス
真如寺
正念寺
JASS
福江中
清田小
セブンイレブン
泉港
栖了寺
中山町
渥美半島
潮音寺
ファミリーマート
古田町
渥美つり具センター
0531-32-2992
晶神社
JASS
福江小
賓海天神社
ミニストップ
天白川
福江町
市役所支所
福江高
免々田川
霊山寺
ファミリーマート
中川食品
保美町
SOLATO
長沢町
亀山町
エネオス
伊良湖岬
福江変電所
長沢寺

西ノ浜《にしのはま》～福江《ふくえ》港

福江《ふくえ》漁港

福江漁港はメバル、カサゴ、アイナメなどの根魚ねらいで有名なところ。モエビや虫エサでのミャク釣りが主流。小さな川が流れ込んでいるのでセイゴやハゼも多い。ブッ込みでアナゴも釣れる

カサゴ
クロダイ
メバル
アジ
サバ
セイゴ
ハゼ
アイナメ
クロダイ
Fishingヒグチ
0531-32-1138
セイゴ
サバ
アジ
カサゴ
セイゴ
カサゴ
アナゴ
アナゴ
メバル
メバル
アイナメ
福江漁港
ハゼ
天白川
国道259号

福江《ふくえ》港

福江港も福江漁港同様にメバル、カサゴ、アイナメなどの根魚釣りが楽しい。セイゴ、スズキねらいは電気ウキ釣り、ルアーで。港内奥はハゼもよく釣れる

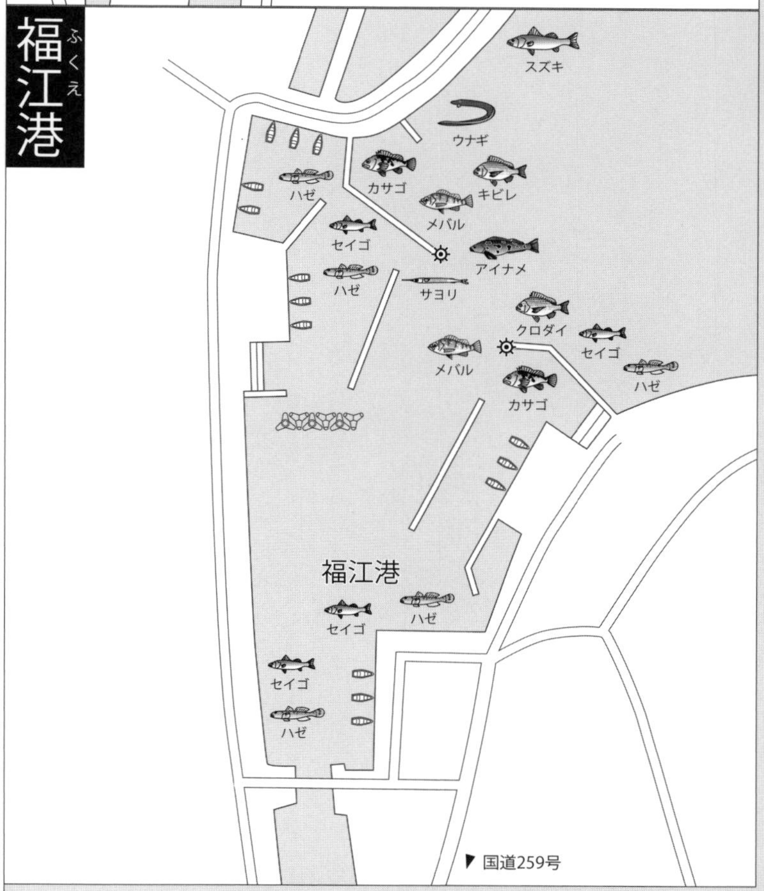

スズキ
ウナギ
ハゼ
カサゴ
キビレ
メバル
セイゴ
アイナメ
ハゼ
サヨリ
クロダイ
セイゴ
メバル
ハゼ
カサゴ
福江港
セイゴ
ハゼ
セイゴ
ハゼ
国道259号

西ノ浜

西ノ浜はキス、メゴチ、カレイなどの投げ釣りがメイン。発電所付近は遠浅だが、温排水が入る関係で近投でけっこう釣れ、ビギナーにもおすすめ。小型のキスやメゴチをエサにマゴチをねらっても面白い

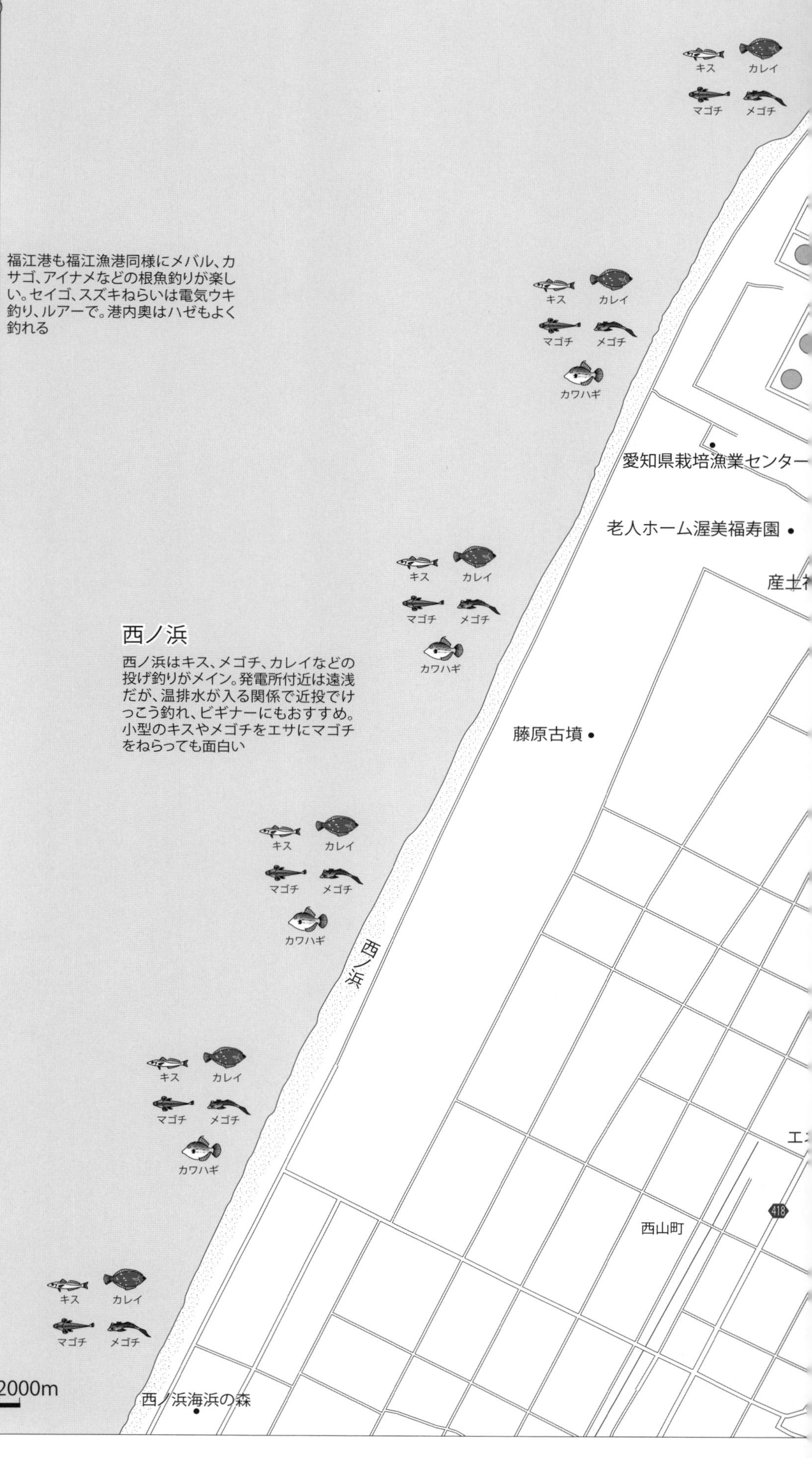

キス
カレイ
マゴチ
メゴチ
カワハギ
愛知県栽培漁業センター
老人ホーム渥美福寿園
藤原古墳
西ノ浜
418
西山町
西ノ浜海浜の森

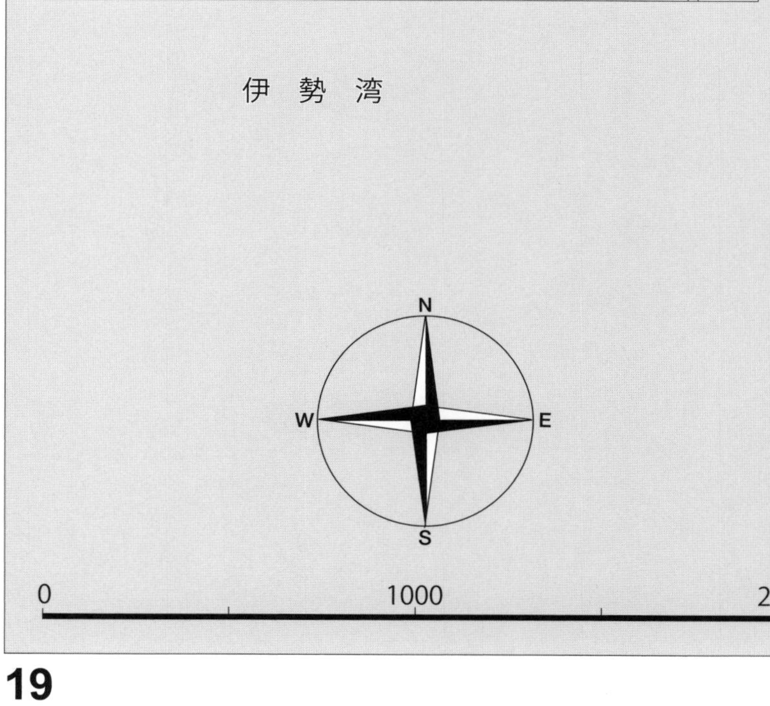

伊勢湾
N
W
E
S
0
1000
2000m

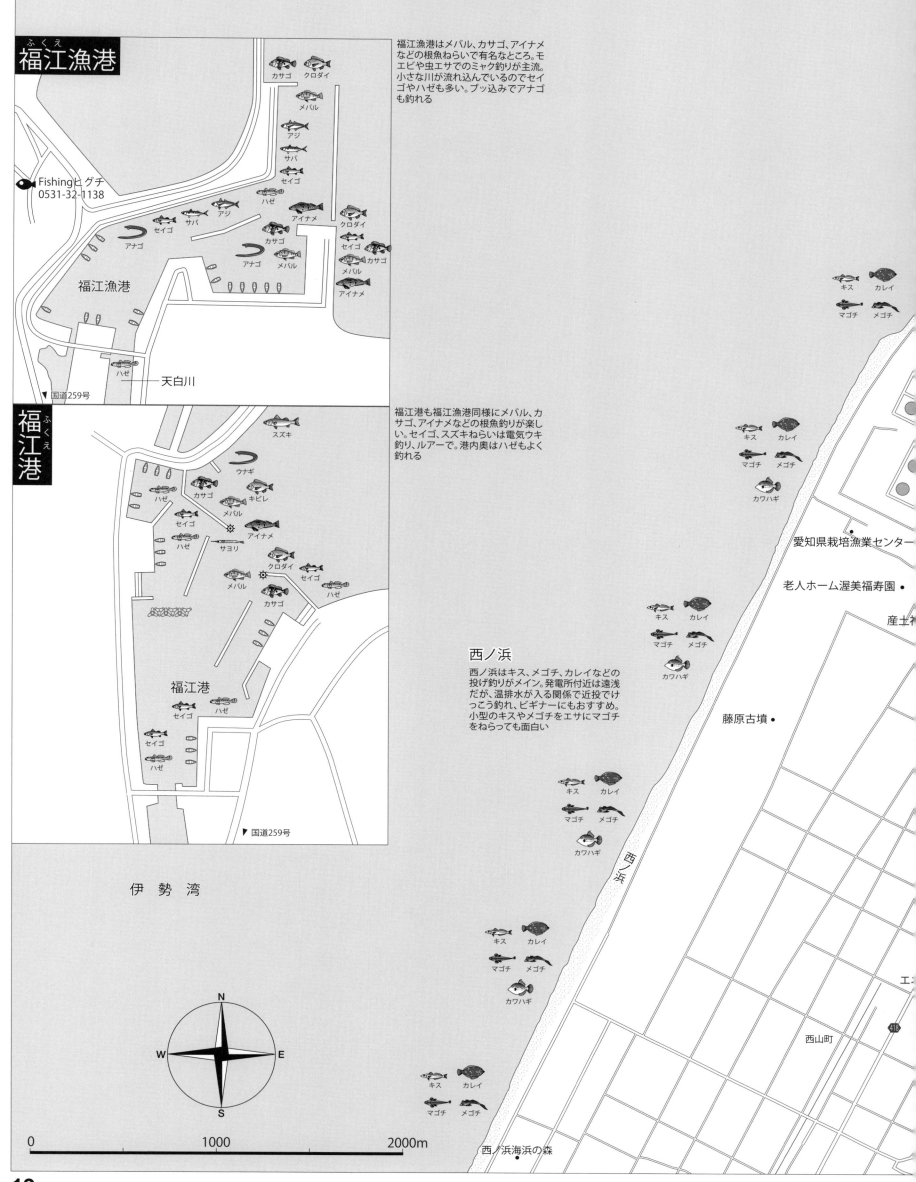

折立《おりたち》〜仁崎《にさき》

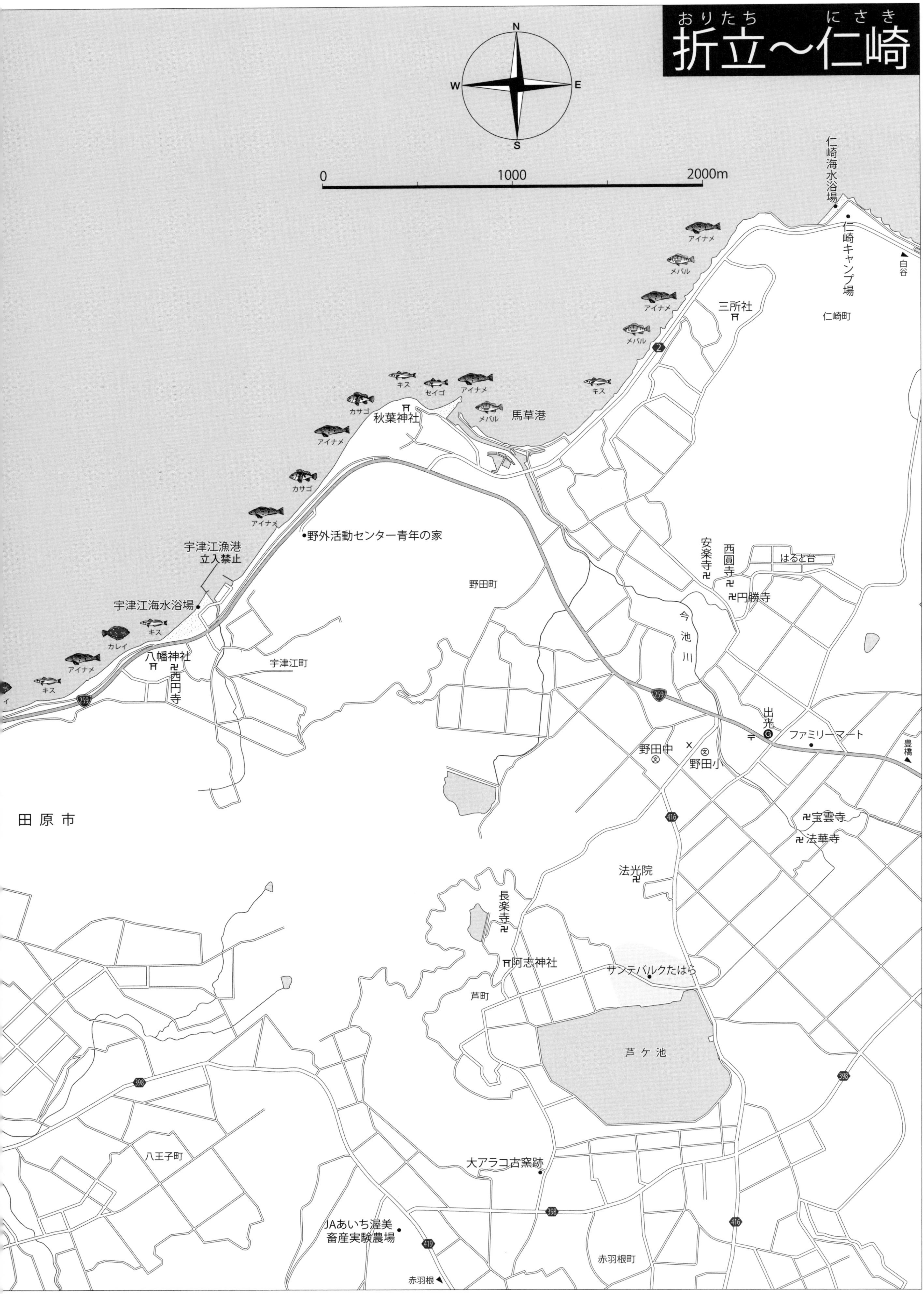
N
W
E
S
0
1000
2000m
仁崎海水浴場
仁崎キャンプ場
白谷
アイナメ
メバル
アイナメ
メバル
三所社
仁崎町
2
キス
セイゴ
アイナメ
キス
カサゴ
メバル
秋葉神社
馬草港
アイナメ
カサゴ
アイナメ
野外活動センター青年の家
宇津江漁港
立入禁止
宇津江海水浴場
キス
カレイ
アイナメ
キス
八幡神社
西円寺
259
宇津江町
野田町
安楽寺
西圓寺
はると台
円勝寺
今池川
259
出光
ファミリーマート
豊橋
野田中
野田小
田原市
416
宝雲寺
法華寺
法光院
長楽寺
阿志神社
サンテパルクたはら
芦町
芦ヶ池
398
398
八王子町
大アラコ古窯跡
398
416
JAあいち渥美
畜産実験農場
419
赤羽根町
赤羽根

泉港《いずみ》

規模の大きい港で、足場がよいおすすめの釣り場。全体に深くはないがメバル、カサゴ、アイナメなどの根魚では定評があり、テトラの切れ目、隙間、穴、ケーソンの継ぎ目などをブラクリ仕掛けなどを使ってねらうと面白い。小型ワームを使ったメバリングもOK。アイナメは30cmクラスの実績もある。水路や川の流れ込み付近では秋口からハゼもアタリを送ってくれる

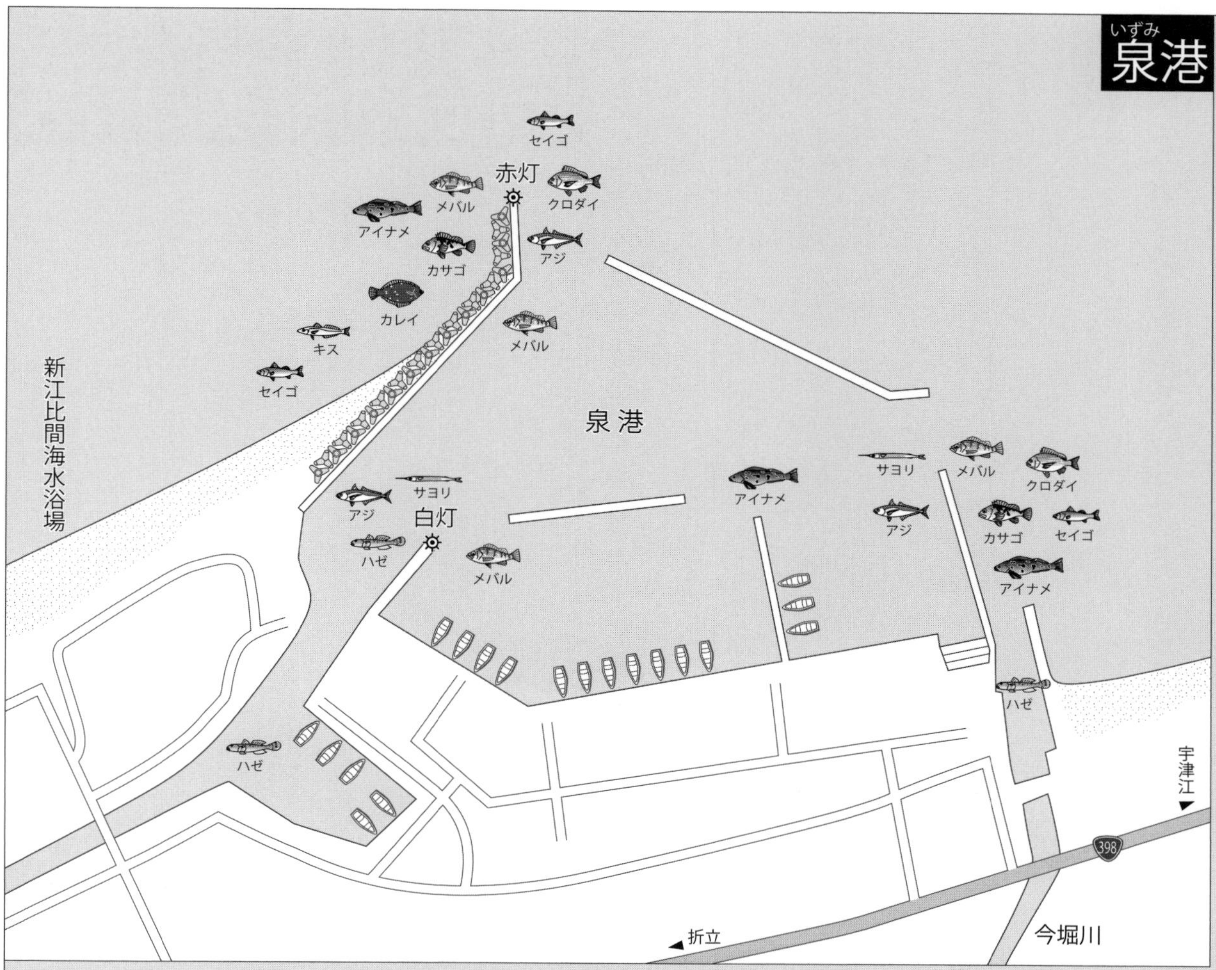

セイゴ
赤灯
メバル
クロダイ
アイナメ
カサゴ
アジ
カレイ
キス
メバル
セイゴ
新江比間海水浴場
泉港
サヨリ
メバル
クロダイ
アイナメ
アジ
サヨリ
カサゴ
セイゴ
白灯
アジ
ハゼ
メバル
アイナメ
ハゼ
ハゼ
宇津江
398
折立
今堀川

三河湾

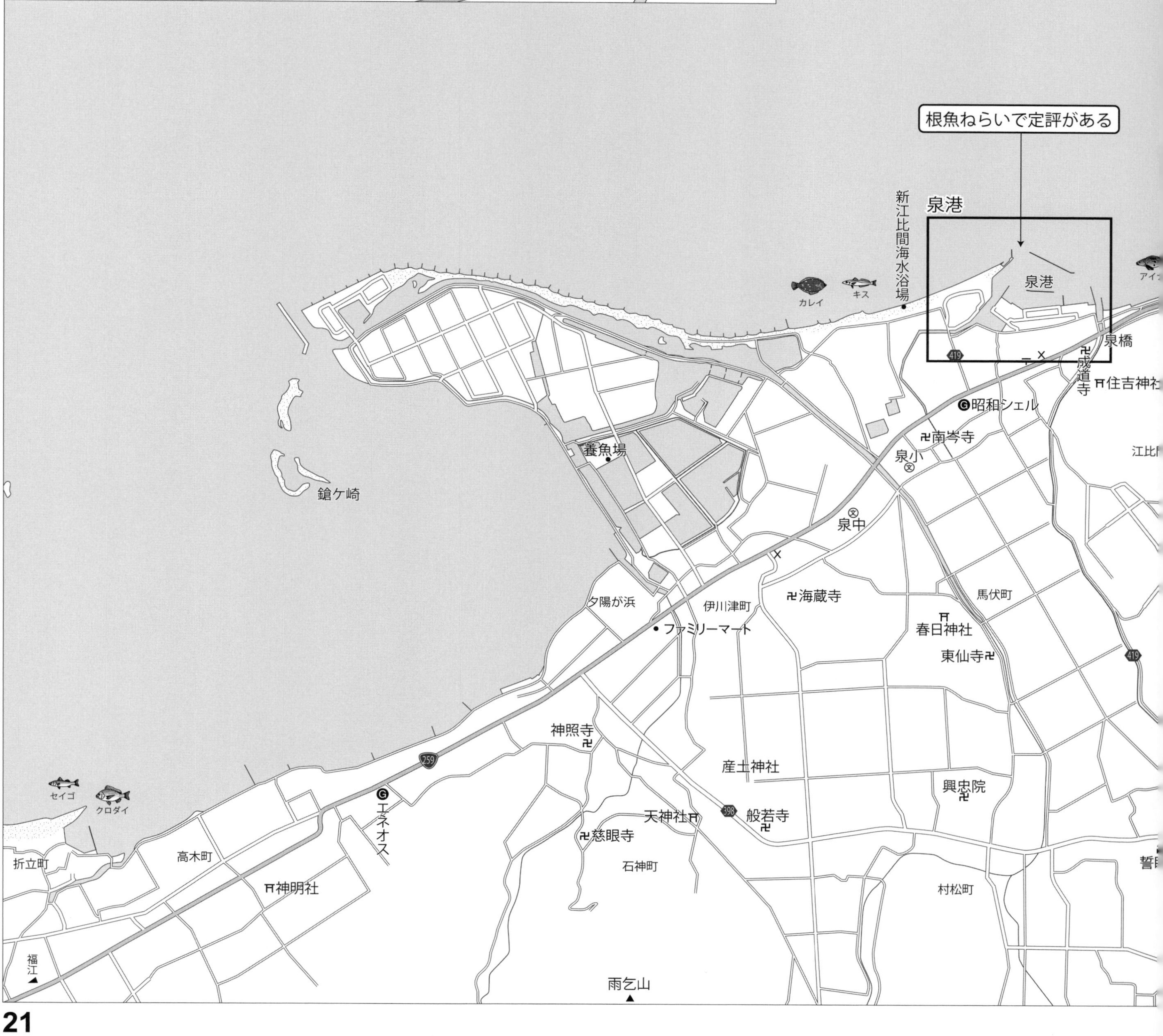

根魚ねらいで定評がある
泉港
新江比間海水浴場
泉港
カレイ
キス
泉橋
419
成道寺
住吉神社
昭和シェル
南岑寺
泉小
泉中
養魚場
鎗ケ崎
夕陽が浜
伊川津町
海蔵寺
ファミリーマート
馬伏町
春日神社
東仙寺
419
神照寺
産土神社
興忠院
セイゴ
クロダイ
259
エネオス
天神社
398
般若寺
慈眼寺
石神町
村松町
折立町
高木町
神明社
福江
雨乞山

白谷《しろや》～緑が浜《みどりがはま》

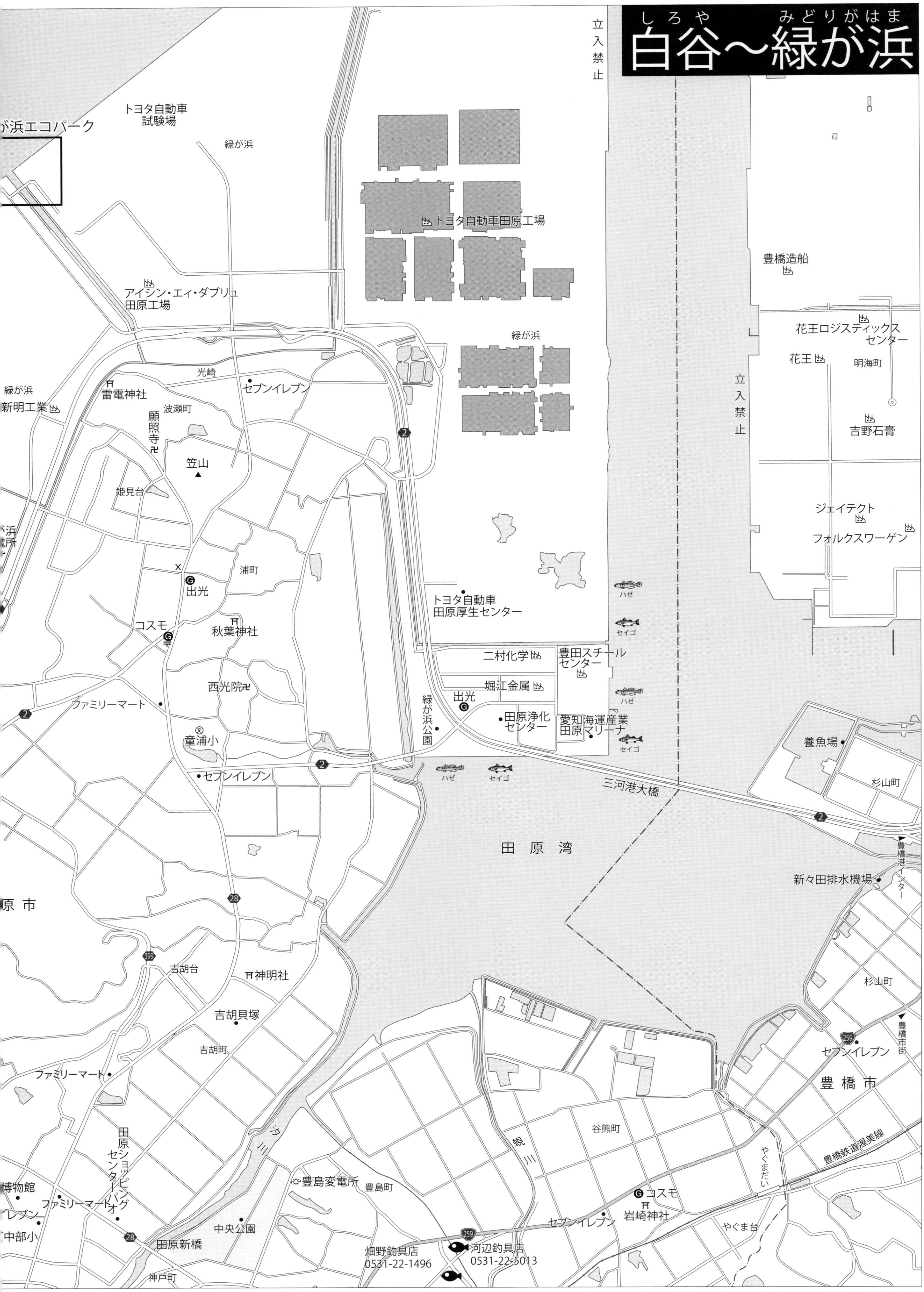
立入禁止
トヨタ自動車
試験場
が浜エコパーク
緑が浜
トヨタ自動車田原工場
豊橋造船
アイシン・エィ・ダブリュ
田原工場
緑が浜
花王ロジスティックス
センター
花王
明海町
光崎
セブンイレブン
緑が浜
新明工業
雷電神社
波瀬町
願照寺
立入禁止
吉野石膏
笠山
姫見台
ジェイテクト
フォルクスワーゲン
浦町
出光
トヨタ自動車
田原厚生センター
ハゼ
コスモ
秋葉神社
セイゴ
二村化学
豊田スチール
センター
西光院
堀江金属
ハゼ
ファミリーマート
緑が浜公園
出光
田原浄化
センター
愛知海運産業
田原マリーナ
セイゴ
養魚場
童浦小
セブンイレブン
ハゼ
セイゴ
三河港大橋
杉山町
豊橋港インター
田原湾
新々田排水機場
原市
吉胡台
神明社
杉山町
吉胡貝塚
吉胡町
豊橋市街
セブンイレブン
ファミリーマート
豊橋市
谷熊町
汐川
蜆川
田原ショッピングセンターパオ
やぐまだい
豊橋鉄道渥美線
博物館
豊島変電所
豊島町
ファミリーマート
コスモ
イレブン
岩崎神社
中部小
中央公園
セブンイレブン
やぐま台
田原新橋
河辺釣具店
0531-22-5013
畑野釣具店
0531-22-1496
神戸町

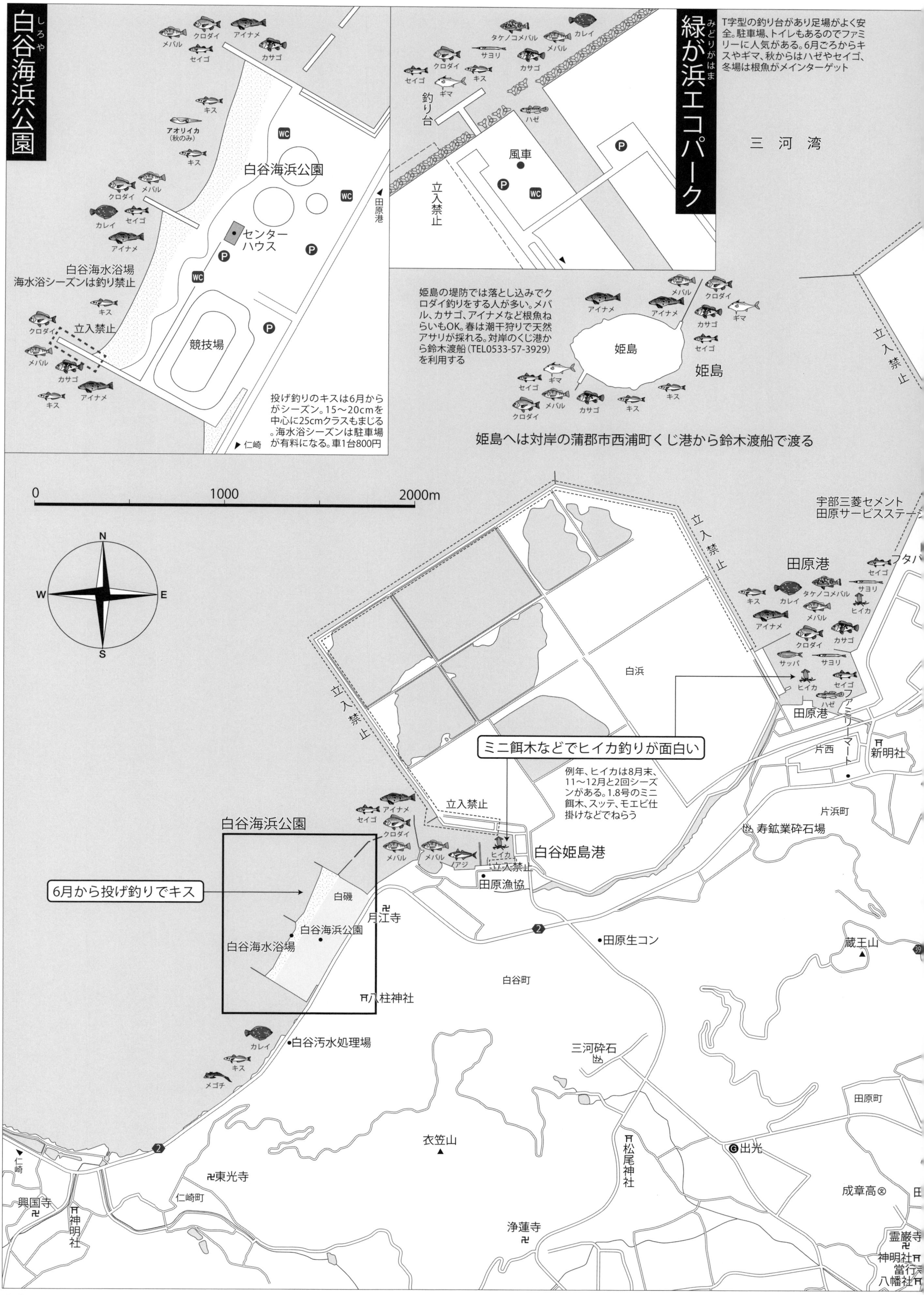
白谷《しろや》海浜公園
メバル
クロダイ
アイナメ
セイゴ
カサゴ
キス
アオリイカ
(秋のみ)
キス
クロダイ
メバル
カレイ
セイゴ
アイナメ
白谷海浜公園
WC
WC
センターハウス
P
P
WC
P
◀田原港
白谷海水浴場
海水浴シーズンは釣り禁止
キス
クロダイ
立入禁止
メバル
カサゴ
アイナメ
キス
競技場
投げ釣りのキスは6月からがシーズン。15～20cmを中心に25cmクラスもまじる。海水浴シーズンは駐車場が有料になる。車1台800円
▶仁崎
緑が浜《みどりがはま》エコパーク
T字型の釣り台があり足場がよく安全。駐車場、トイレもあるのでファミリーに人気がある。6月ごろからキスやギマ、秋からはハゼやセイゴ、冬場は根魚がメインターゲット
タケノコメバル
カレイ
メバル
サヨリ
クロダイ
カサゴ
セイゴ
キス
ギマ
ハゼ
釣り台
風車
P
WC
P
立入禁止
三　河　湾
姫島の堤防では落とし込みでクロダイ釣りをする人が多い。メバル、カサゴ、アイナメなど根魚ねらいもOK。春は潮干狩りで天然アサリが採れる。対岸のくじ港から鈴木渡船(TEL0533-57-3929)を利用する
アイナメ
アイナメ
メバル
クロダイ
カサゴ
ギマ
セイゴ
姫島
姫島
ギマ
セイゴ
メバル
クロダイ
カサゴ
キス
キス
立入禁止
姫島へは対岸の蒲郡市西浦町くじ港から鈴木渡船で渡る
0
1000
2000m
N
W
E
S
宇部三菱セメント
田原サービスステー
立入禁止
田原港
フタバ
セイゴ
キス
カレイ
タケノコメバル
サヨリ
ヒイカ
メバル
アイナメ
クロダイ
カサゴ
サッパ
サヨリ
ヒイカ
セイゴ
ハゼ
田原港
ファミリーマート
白浜
立入禁止
ミニ餌木などでヒイカ釣りが面白い
例年、ヒイカは8月末、11～12月と2回シーズンがある。1.8号のミニ餌木、スッテ、モエビ仕掛けなどでねらう
片西
新明社
片浜町
寿鉱業砕石場
立入禁止
白谷海浜公園
アイナメ
セイゴ
クロダイ
メバル
メバル
アジ
ヒイカ
立入禁止
白谷姫島港
田原漁協
6月から投げ釣りでキス
白磯
月江寺
白谷海浜公園
白谷海水浴場
2
田原生コン
蔵王山
39
白谷町
八柱神社
カレイ
白谷汚水処理場
キス
メゴチ
三河砕石
田原町
衣笠山
松尾神社
出光
2
▶仁崎
東光寺
仁崎町
興国寺
神明社
成章高
浄蓮寺
霊巌寺
神明社
當行
八幡社

●改正SOLAS条約により、立ち入り禁止となっている埠頭などがあります(詳細はP64)。

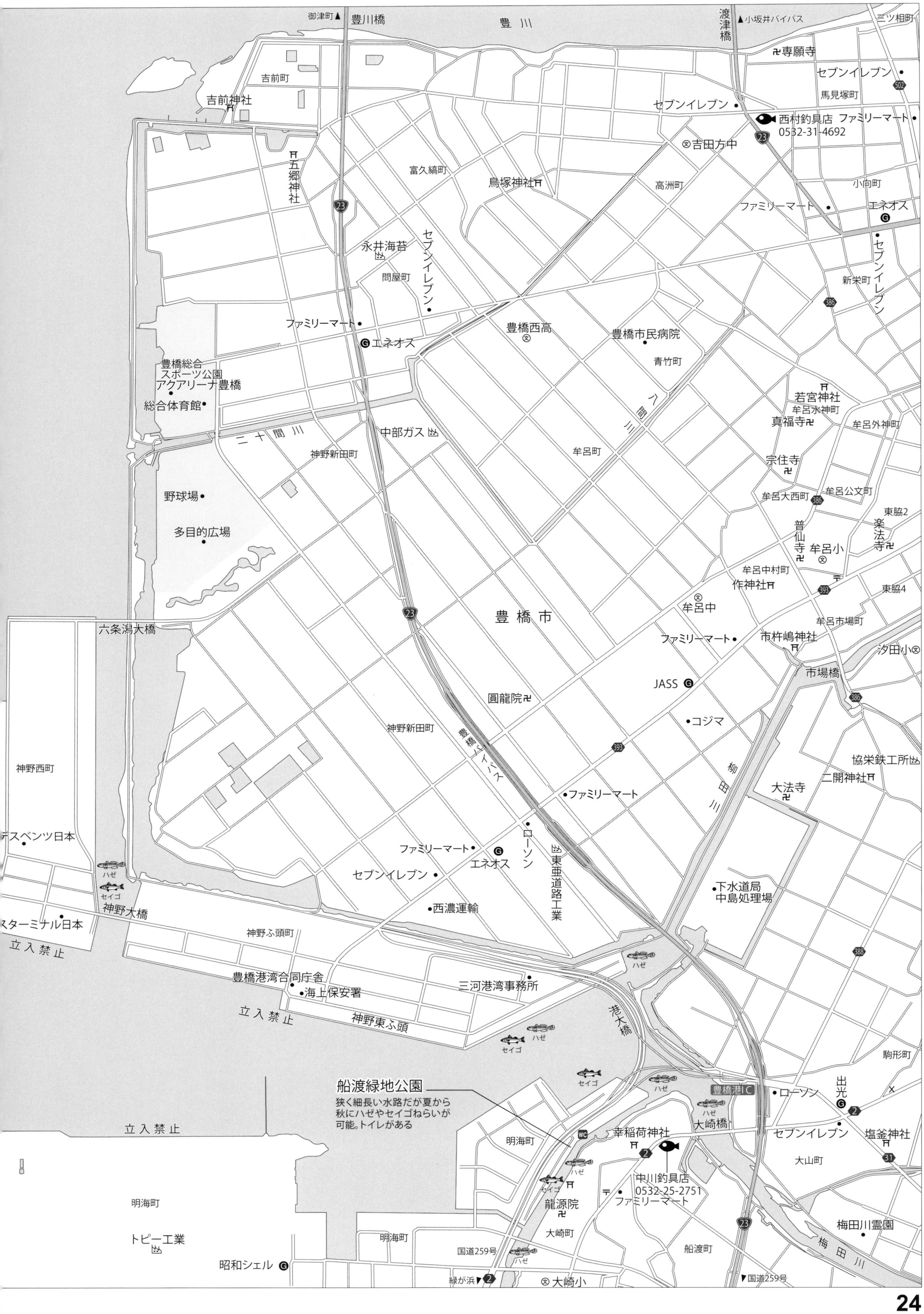

御津町▲
豊川橋
豊 川
渡津橋
▲小坂井バイパス
三ツ相町
専願寺
セブンイレブン
馬見塚町
吉前町
吉前神社
セブンイレブン
西村釣具店
0532-31-4692
ファミリーマート
吉田方中
五郷神社
富久縞町
鳥塚神社
高洲町
小向町
ファミリーマート
エネオス
永井海苔
問屋町
セブンイレブン
セブンイレブン
新栄町
ファミリーマート
エネオス
豊橋西高
豊橋市民病院
青竹町
豊橋総合
スポーツ公園
アクアリーナ豊橋
総合体育館
若宮神社
牟呂水神町
真福寺
牟呂外神町
二十間川
中部ガス
神野新田町
牟呂町
八間川
宗住寺
牟呂大西町
牟呂公文町
野球場
多目的広場
東脇2
普仙寺
牟呂小
楽法寺
牟呂中村町
作神社
東脇4
豊橋市
牟呂中
六条潟大橋
牟呂市場町
ファミリーマート
市杵嶋神社
汐田小
市場橋
JASS
圓龍院
コジマ
神野新田町
豊橋バイパス
協栄鉄工所
神野西町
柳生川
二開神社
大法寺
ファミリーマート
ローソン
テスベンツ日本
ファミリーマート
エネオス
東亜道路工業
セブンイレブン
下水道局
中島処理場
ハゼ
セイゴ
西濃運輸
神野大橋
スターミナル日本
神野ふ頭町
立入禁止
ハゼ
豊橋港湾合同庁舎
三河港湾事務所
海上保安署
港大橋
立入禁止
神野東ふ頭
セイゴ
ハゼ
駒形町
セイゴ
ハゼ
船渡緑地公園
狭く細長い水路だが夏から
秋にハゼやセイゴねらいが
可能。トイレがある
豊橋港IC
ローソン
出光
立入禁止
ハゼ
幸稲荷神社
大崎橋
セブンイレブン
塩釜神社
明海町
ハゼ
大山町
セイゴ
中川釣具店
0532-25-2751
ファミリーマート
龍源院
明海町
梅田川霊園
トピー工業
明海町
大崎町
国道259号
ハゼ
船渡町
梅田川
昭和シェル
緑が浜▼
大崎小
▼国道259号

豊橋《とよはし》港周辺

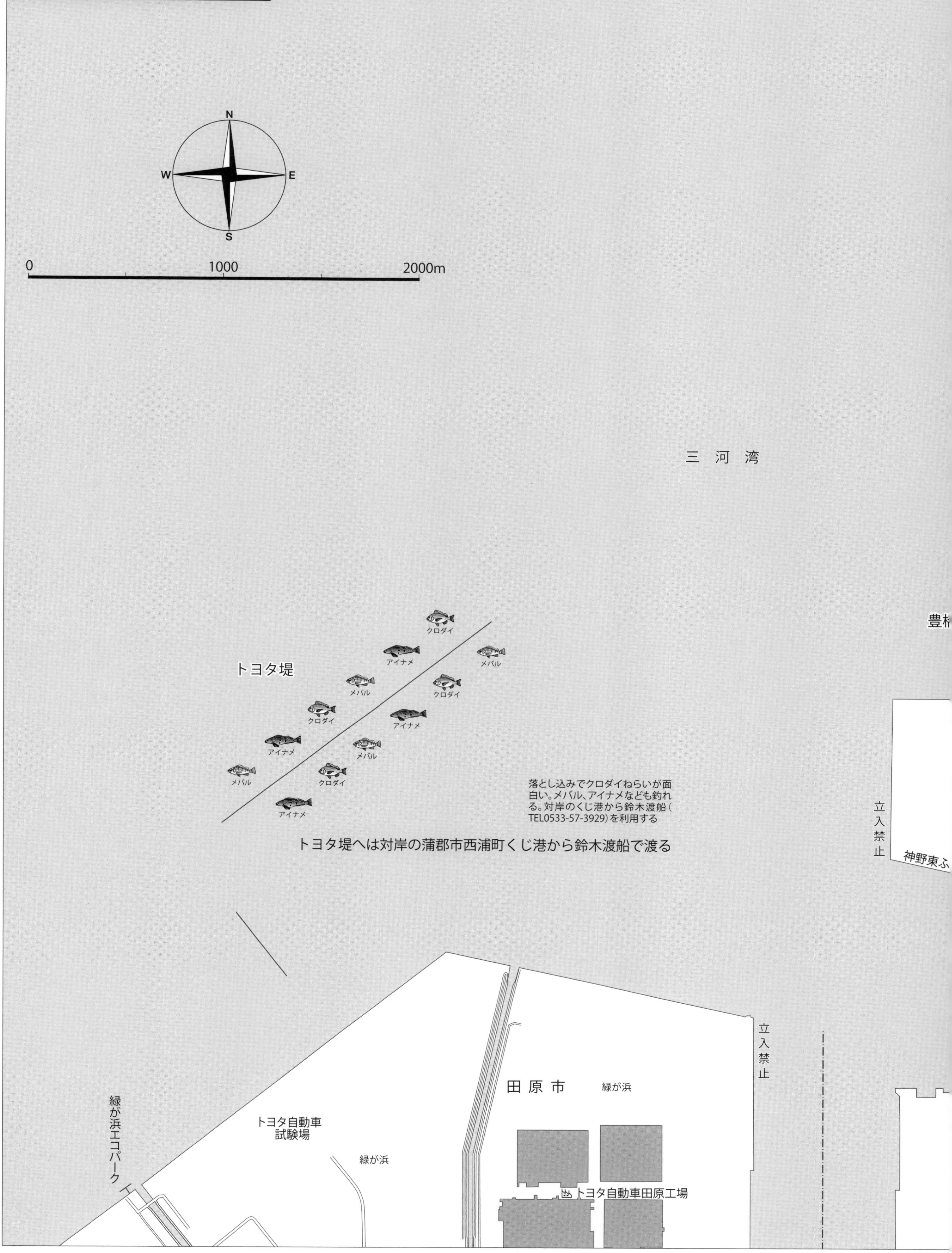
N
W
E
S
0
1000
2000m
三 河 湾
豊
トヨタ堤
クロダイ
アイナメ
メバル
メバル
クロダイ
クロダイ
アイナメ
アイナメ
メバル
メバル
クロダイ
アイナメ
落とし込みでクロダイねらいが面白い。メバル、アイナメなども釣れる。対岸のくじ港から鈴木渡船（TEL0533-57-3929）を利用する
トヨタ堤へは対岸の蒲郡市西浦町くじ港から鈴木渡船で渡る
立入禁止
神野東ふ
立入禁止
田 原 市
緑が浜
緑が浜エコパーク
トヨタ自動車試験場
緑が浜
トヨタ自動車田原工場

●改正SOLAS条約により、立ち入り禁止となっている埠頭などがあります（詳細はP64）。

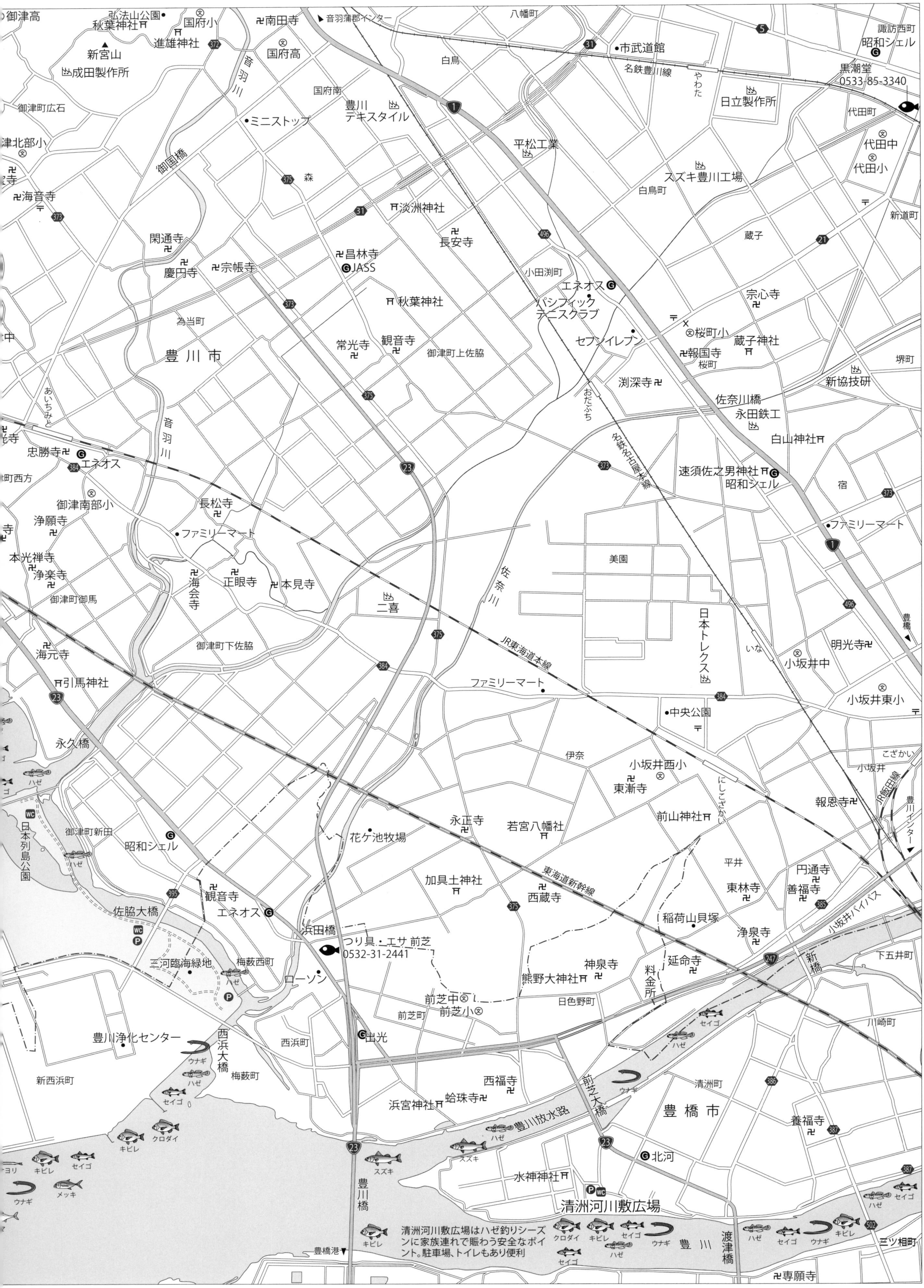
御津高
弘法山公園
秋葉神社
国府小
南田寺
音羽蒲郡インター
八幡町
諏訪西町
昭和シェル
新宮山
進雄神社
国府高
市武道館
成田製作所
音羽川
白鳥
名鉄豊川線
やわた
黒潮堂
0533-85-3340
国府南
日立製作所
御津町広石
豊川テキスタイル
代田町
ミニストップ
代田中
津北部小
平松工業
代田小
御国橋
森
スズキ豊川工場
海音寺
白鳥町
淡洲神社
新道町
閑通寺
長安寺
蔵子
昌林寺
慶円寺
宗帳寺
JASS
小田渕町
エネオス
秋葉神社
宗心寺
パシフィックテニスクラブ
為当町
桜町小
常光寺
観音寺
セブンイレブン
蔵子神社
豊川市
御津町上佐脇
報国寺
桜町
堺町
淵深寺
新協技研
あいちみと
おだぶち
佐奈川橋
永田鉄工
音羽川
白山神社
忠勝寺
名鉄名古屋本線
エネオス
速須佐之男神社
昭和シェル
町西方
宿
御津南部小
長松寺
浄願寺
ファミリーマート
ファミリーマート
本光禅寺
美園
浄楽寺
海会寺
正眼寺
本見寺
佐奈川
御津町御馬
二喜
日本トレクス
豊橋
明光寺
海元寺
御津町下佐脇
JR東海道本線
いな
小坂井中
引馬神社
ファミリーマート
小坂井東小
中央公園
永久橋
伊奈
こざかい
小坂井西小
小坂井
ハゼ
東漸寺
にしこざかい
報恩寺
JR飯田線
豊川インター
日本列島公園
御津町新田
永正寺
若宮八幡社
前山神社
花ケ池牧場
昭和シェル
平井
円通寺
加具土神社
東海道新幹線
善福寺
東林寺
観音寺
西蔵寺
小坂井バイパス
佐脇大橋
エネオス
稲荷山貝塚
浜田橋
浄泉寺
つり具・エサ 前芝
0532-31-2441
新橋
下五井町
三河臨海緑地
梅薮西町
神泉寺
延命寺
料金所
ローソン
熊野大神社
日色野町
前芝中
前芝小
前芝町
セイゴ
ハゼ
川崎町
豊川浄化センター
西浜大橋
西浜町
出光
ウナギ
梅薮町
新西浜町
西福寺
清洲町
前芝大橋
浜宮神社
蛤珠寺
豊橋市
セイゴ
養福寺
豊川放水路
キビレ
クロダイ
ハゼ
スズキ
北河
キビレ
セイゴ
豊川橋
水神神社
ウナギ
メッキ
清洲河川敷広場
清洲河川敷広場はハゼ釣りシーズンに家族連れで賑わう安全なポイント。駐車場、トイレもあり便利
キビレ
クロダイ
キビレ
セイゴ
ウナギ
豊川
渡津橋
ハゼ
セイゴ
ウナギ
キビレ
三ツ相町
豊橋港
専願寺

豊川《とよかわ》周辺

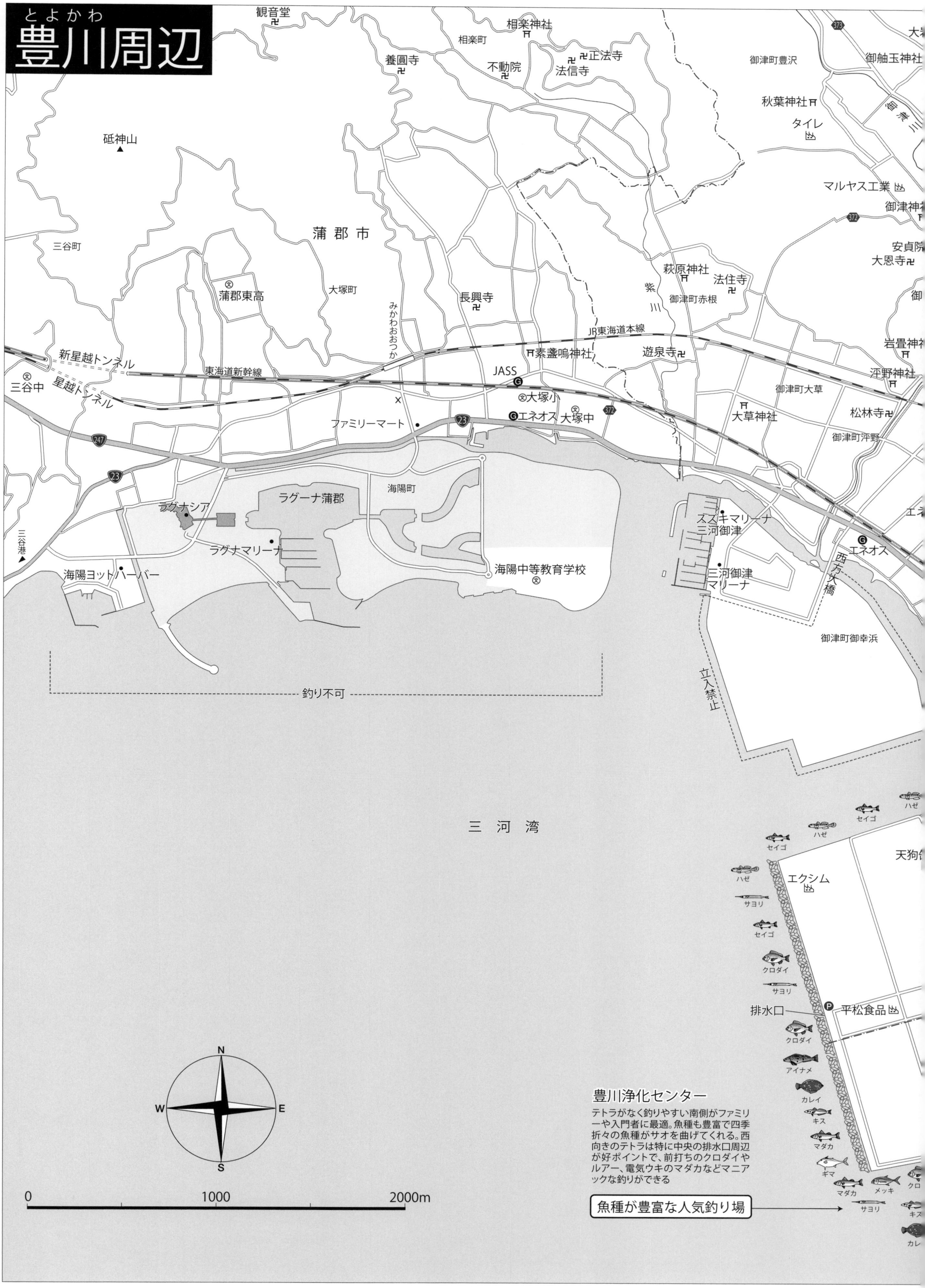

観音堂
相楽神社
相楽町
養圓寺
不動院
正法寺
法信寺
御津町豊沢
御舶玉神社
秋葉神社
タイレ
砥神山
マルヤス工業
御津神社
蒲郡市
三谷町
安貞院
大恩寺
萩原神社
法住寺
蒲郡東高
大塚町
長興寺
紫川
御津町赤根
みかわおおつか
JR東海道本線
岩置神社
新星越トンネル
素盞嗚神社
遊泉寺
東海道新幹線
JASS
汻野神社
三谷中
星越トンネル
大塚小
御津町大草
エネオス
大塚中
大草神社
松林寺
ファミリーマート
御津町汻野
海陽町
ラグーナ蒲郡
ラグナシア
スズキマリーナ三河御津
三谷港
ラグナマリーナ
エネオス
西方大橋
海陽ヨットハーバー
海陽中等教育学校
三河御津マリーナ
御津町御幸浜
釣り不可
立入禁止
三河湾
ハゼ
セイゴ
天狗
エクシム
サヨリ
クロダイ
排水口
平松食品
アイナメ
カレイ
キス
マダカ
ギマ
メッキ
N
W
E
S
0
1000
2000m

豊川浄化センター

テトラがなく釣りやすい南側がファミリーや入門者に最適。魚種も豊富で四季折々の魚種がサオを曲げてくれる。西向きのテトラは特に中央の排水口周辺が好ポイントで、前打ちのクロダイやルアー、電気ウキのマダカなどマニアックな釣りができる

魚種が豊富な人気釣り場

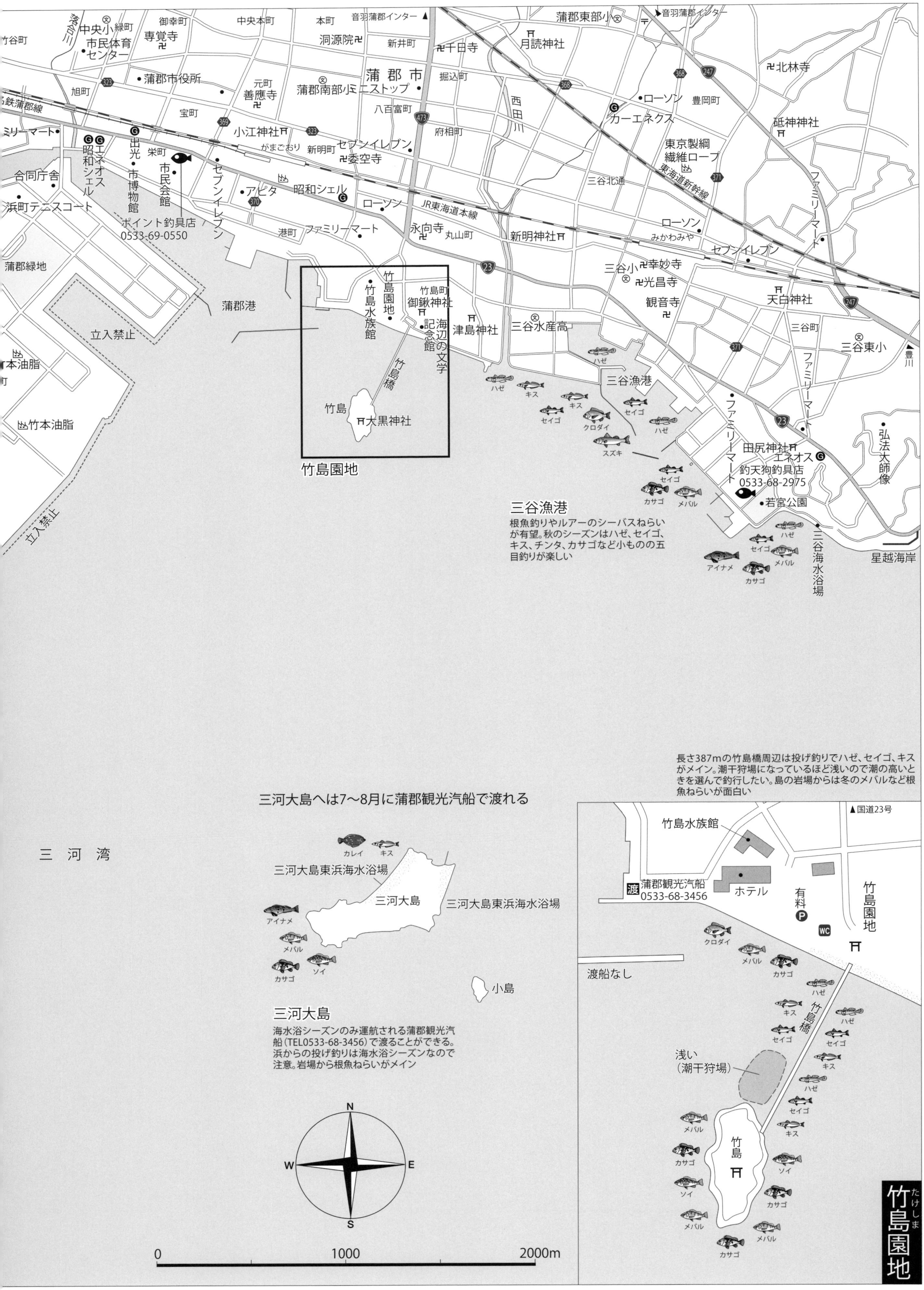
蒲郡市
中央小
緑町
市民体育センター
御幸町
専覚寺
中央本町
本町
音羽蒲郡インター
洞源院
新井町
千日寺
月読神社
蒲郡東部小
音羽蒲郡インター
北林寺
蒲郡市役所
旭町
元町
善應寺
蒲郡南部小
ミニストップ
掘込町
八百富町
西田川
ローソン
豊岡町
カーエネクス
砥神神社
名鉄蒲郡線
宝町
小江神社
ファミリーマート
エネオス
昭和シェル
出光
市博物館
栄町
市民会館
がまごおり
新明町
セブンイレブン
府相町
委空寺
東京製綱繊維ロープ
東海道新幹線
合同庁舎
浜町テニスコート
セブンイレブン
アピタ
昭和シェル
ローソン
JR東海道本線
三谷北通
ファミリーマート
ポイント釣具店
0533-69-0550
港町
ファミリーマート
永向寺
丸山町
新明神社
ローソン
みかわわや
セブンイレブン
蒲郡緑地
三谷小
幸妙寺
光昌寺
天白神社
蒲郡港
竹島園地
竹島水族館
竹島町
御鍬神社
海辺の文学記念館
津島神社
三谷水産高
観音寺
三谷町
三谷東小
豊川
立入禁止
竹本油脂
竹島橋
三谷漁港
竹島
大黒神社
竹本油脂
ファミリーマート
ハゼ
キス
セイゴ
クロダイ
スズキ
田尻神社
エネオス
弘法大師像
竹島園地
釣天狗釣具店
0533-68-2975
若宮公園
カサゴ
メバル
アイナメ
三谷海水浴場
星越海岸
立入禁止
三谷漁港
根魚釣りやルアーのシーバスねらいが有望。秋のシーズンはハゼ、セイゴ、キス、チンタ、カサゴなど小ものの五目釣りが楽しい
三河大島へは7～8月に蒲郡観光汽船で渡れる
カレイ
キス
三河大島東浜海水浴場
三河湾
三河大島
三河大島東浜海水浴場
アイナメ
メバル
カサゴ
ソイ
小島
三河大島
海水浴シーズンのみ運航される蒲郡観光汽船（TEL0533-68-3456）で渡ることができる。浜からの投げ釣りは海水浴シーズンなので注意。岩場から根魚ねらいがメイン
N
W
E
S
0
1000
2000m
長さ387mの竹島橋周辺は投げ釣りでハゼ、セイゴ、キスがメイン。潮干狩場になっているほど浅いので潮の高いときを選んで釣行したい。島の岩場からは冬のメバルなど根魚ねらいが面白い
竹島水族館
国道23号
渡
蒲郡観光汽船
0533-68-3456
ホテル
有料
P
WC
竹島園地
クロダイ
メバル
カサゴ
ハゼ
渡船なし
キス
竹島橋
セイゴ
浅い
（潮干狩場）
竹島
ソイ

竹島《たけしま》園地

三《み》谷《や》～くじ港

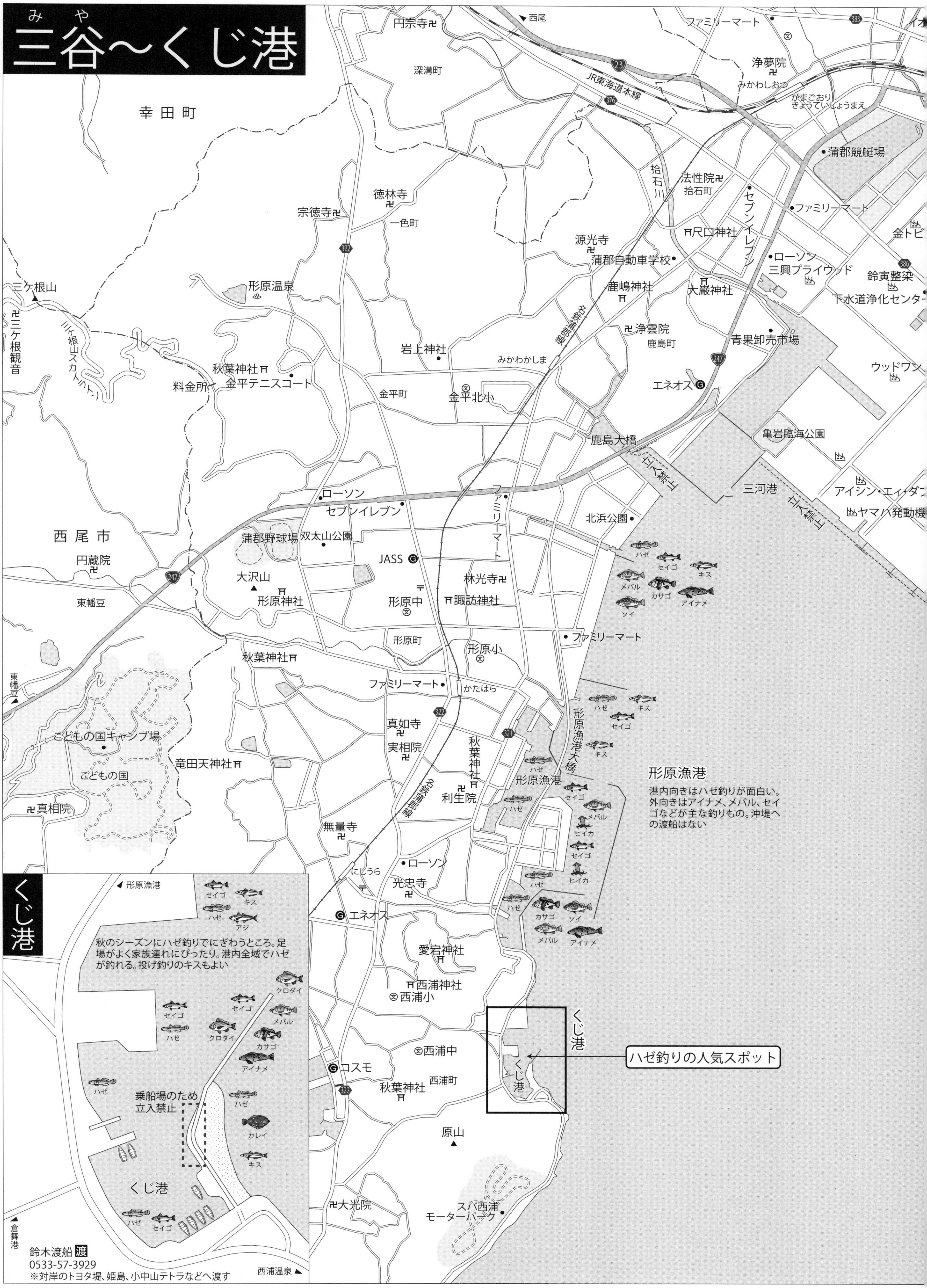

西尾
円宗寺
ファミリーマート
383
イオ
浄夢院
みかわしおつ
深溝町
JR東海道本線
23
376
かまごおり
きょうていじょうまえ
幸田町
蒲郡競艇場
拾石川
法性院
拾石町
セブンイレブン
徳林寺
宗徳寺
一色町
ファミリーマート
322
源光寺
尺口神社
金トビ
蒲郡自動車学校
ローソン
三興プライウッド
鈴寅整染
386
三ケ根山
形原温泉
鹿嶋神社
大厳神社
下水道浄化センター
三ケ根観音
三ケ根山スカイライン
名鉄蒲郡線
浄雲院
鹿島町
青果卸売市場
岩上神社
みかわかしま
247
ウッドワン
秋葉神社
料金所
金平テニスコート
エネオス
金平町
金平北小
鹿島大橋
亀岩臨海公園
立入禁止
三河港
ファミリーマート
ローソン
セブンイレブン
アイシン・エィ・ダブ
ヤマハ発動機
北浜公園
西尾市
蒲郡野球場
双太山公園
円蔵院
JASS
ハゼ
セイゴ
キス
大沢山
林光寺
メバル
カサゴ
アイナメ
東幡豆
形原神社
形原中
諏訪神社
ソイ
ファミリーマート
形原町
形原小
秋葉神社
東幡豆
ファミリーマート
かたはら
ハゼ
キス
セイゴ
こどもの国キャンプ場
真如寺
321
形原漁港大橋
実相院
キス
竜田天神社
秋葉神社
ハゼ
形原漁港
こどもの国
利生院
セイゴ
真相院
ハゼ
メバル
名鉄蒲郡線
ヒイカ
無量寺
セイゴ
ローソン
ハゼ
ヒイカ
にしうら
光忠寺
ハゼ
カサゴ
ソイ
エネオス
メバル
アイナメ
愛宕神社
西浦神社
西浦小
西浦中
コスモ
西浦町
秋葉神社
原山
大光院
スパ西浦モーターパーク
形原漁港
港内向きはハゼ釣りが面白い。外向きはアイナメ、メバル、セイゴなどが主な釣りもの。沖堤への渡船はない
くじ港
ハゼ釣りの人気スポット
くじ港
くじ港
形原漁港
セイゴ
キス
ハゼ
アジ
秋のシーズンにハゼ釣りでにぎわうところ。足場がよく家族連れにぴったり。港内全域でハゼが釣れる。投げ釣りのキスもよい
クロダイ
セイゴ
セイゴ
メバル
ハゼ
クロダイ
カサゴ
アイナメ
ハゼ
乗船場のため
立入禁止
ハゼ
カレイ
キス
くじ港
ハゼ
セイゴ
倉舞港
鈴木渡船 渡
0533-57-3929
※対岸のトヨタ堤、姫島、小中山テトラなどへ渡す
西浦温泉

●改正SOLAS条約により、立ち入り禁止となっている埠頭などがあります（詳細はP64）。

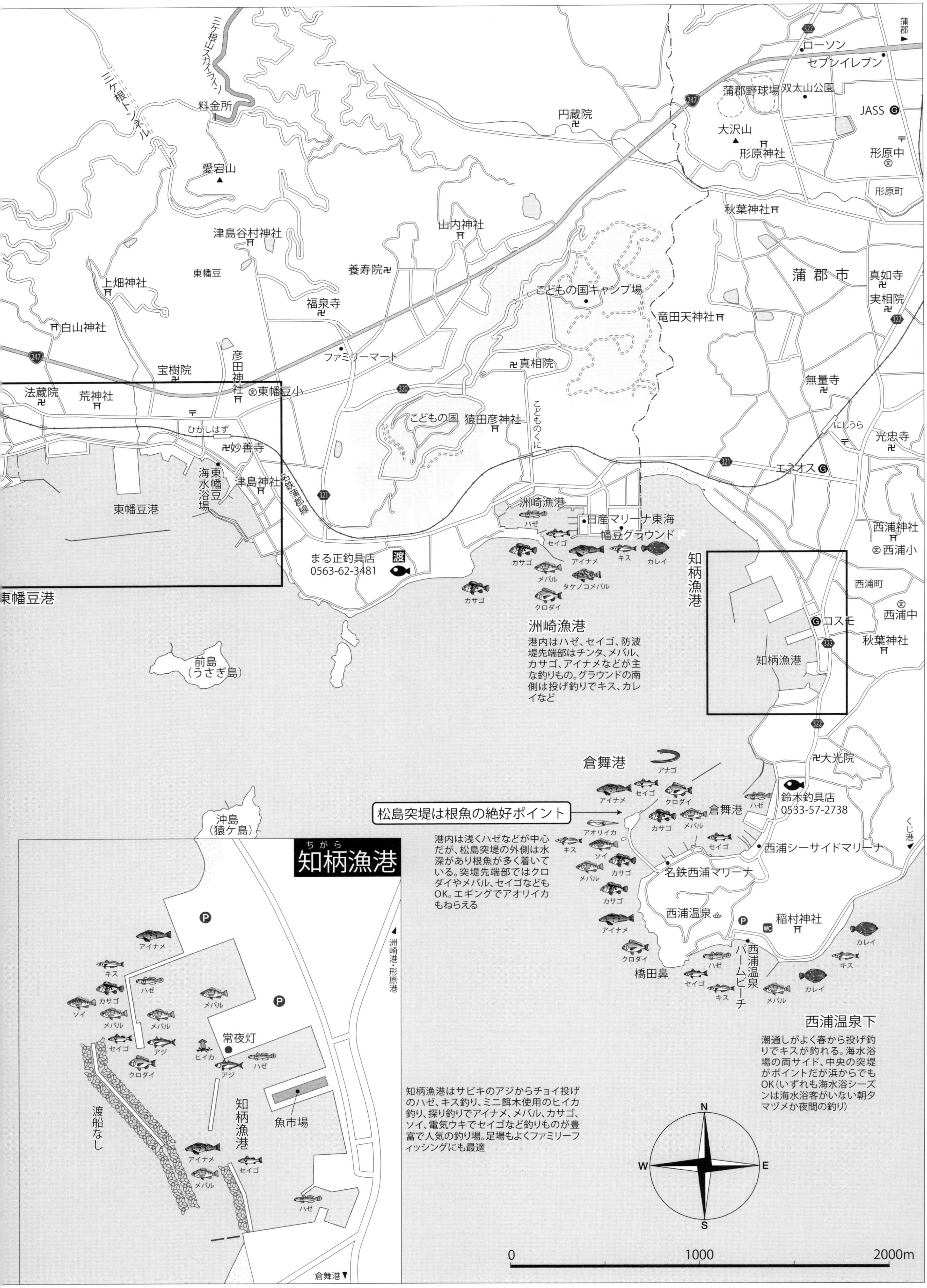
三ケ根山スカイライン
三ケ根トンネル
料金所
愛宕山
円蔵院
蒲郡
ローソン
セブンイレブン
蒲郡野球場
双太山公園
JASS
大沢山
形原神社
形原中
形原町
秋葉神社
津島谷村神社
山内神社
東幡豆
養寿院
上畑神社
福泉寺
白山神社
こどもの国キャンプ場
竜田天神社
蒲郡市
真如寺
実相院
ファミリーマート
宝樹院
彦田神社
真相院
無量寺
法蔵院
荒神社
東幡豆小
こどもの国
猿田彦神社
こどものくに
にしうら
光忠寺
ひがしはず
妙善寺
エネオス
海水浴場
東幡豆
津島神社
名鉄蒲郡線
洲崎漁港
東幡豆港
日産マリーナ東海
幡豆グラウンド
知柄漁港
西浦神社
西浦小
まる正釣具店
0563-62-3481
渡
ハゼ
セイゴ
カサゴ
アイナメ
キス
カレイ
メバル
タケノコメバル
クロダイ
西浦町
西浦中
コスモ
秋葉神社
前島
(うさぎ島)
洲崎漁港
港内はハゼ、セイゴ、防波堤先端部はチンタ、メバル、カサゴ、アイナメなどが主な釣りもの。グラウンドの南側は投げ釣りでキス、カレイなど
大光院
倉舞港
アナゴ
アイナメ
セイゴ
クロダイ
ハゼ
鈴木釣具店
0533-57-2738
沖島
(猿ケ島)
松島突堤は根魚の絶好ポイント
倉舞港
アオリイカ
カサゴ
メバル
キス
ソイ
セイゴ
くじ港
西浦シーサイドマリーナ
港内は浅くハゼなどが中心だが、松島突堤の外側は水深があり根魚が多く着いている。突堤先端部ではクロダイやメバル、セイゴなどもOK。エギングでアオリイカもねらえる
名鉄西浦マリーナ
西浦温泉
稲村神社
カレイ
キス
橋田鼻
西浦温泉パームビーチ
西浦温泉下
潮通しがよく春から投げ釣りでキスが釣れる。海水浴場の両サイド、中央の突堤がポイントだが浜からでもOK(いずれも海水浴シーズンは海水浴客がいない朝夕マヅメか夜間の釣り)
知柄《ちがら》漁港
アイナメ
キス
ハゼ
カサゴ
ソイ
メバル
セイゴ
アジ
ヒイカ
常夜灯
クロダイ
渡船なし
知柄漁港
魚市場
洲崎港・形原港
倉舞港
知柄漁港はサビキのアジからチョイ投げのハゼ、キス釣り、ミニ餌木使用のヒイカ釣り、探り釣りでアイナメ、メバル、カサゴ、ソイ、電気ウキでセイゴなど釣りものが豊富で人気の釣り場。足場もよくファミリーフィッシングにも最適
N
W
E
S
0
1000
2000m

西浦《にしうら》温泉〜宮崎《みやざき》漁港

明正寺
龍蔵院
小山田
極楽寺
320
八幡川
吉良CC
西幡豆
ファミリーマート
西尾市
上木下製綱
通因寺
317
観音寺
善證寺
西尾市
平和塔
一色
ファミリーマート
了淳寺
TOYOTSU
ファミリーマート
JASS
幡豆小
幡豆中
門内神社
247
ポートタウンミュウ
徳林寺
鳥羽
阿弥陀寺
祐正寺
TOYOTSU
幡豆町役場
安泰寺
みかわとば
名鉄蒲郡線
にしはず
エネオス
酒井釣具店
0563-62-3720
316
乙川
正法寺古墳
幡豆神社
大山寺
図書館
正法寺
西用院
立入禁止
寺部
白浜新田
西幡豆漁港
魚市場
寺部漁港
豊受大神宮
ハゼ
セイゴ
メバル
クロダイ
サッパ
ソイ
ギマ
カレイ
キス
アイナメ
カサゴ
吉良温泉
316
宮崎
延命寺
津島神社
善久寺
幡豆神社
漁協
運光院
吉良海水浴場
寺部海水浴場
宮崎西港
ファミリーフィッシングに最適
宮崎漁港
蛭子社
恵比須海岸
蛭子岬
宮崎漁港周辺
三河湾
梶島

赤灯堤が本命ポイントで先端部からテトラ帯にかけてクロダイ、メバル、アイナメなどが面白い。港内は全体がハゼのポイントとなっている。沖堤へは洲崎漁港との間にある、まる正釣具店が渡してくれる（渡船乗り場は東幡豆港内だが特に決まっていないので釣行毎に電話確認のこと）

宮崎《みやざき》漁港周辺

吉良温泉
吉良サンライズパーク
※海水浴場側は投げ釣り禁止
吉田港
有料
宮崎漁港
恵比寿海水浴場
立入禁止
白灯
カサゴ
メバル
ハゼ
サッパ
サヨリ
キス
アジ
タケノコメバル
カレイ
ギマ
アイナメ
クロダイ

サンライズパークあたりが手軽に釣れておすすめ。駐車無料でトイレもある。港内はサビキのアジやサッパ。サヨリもOK。外向きは手すりがあり安全。メバル、カサゴ、アイナメなど根魚からのアタリが活発

東幡豆《ひがしはず》港

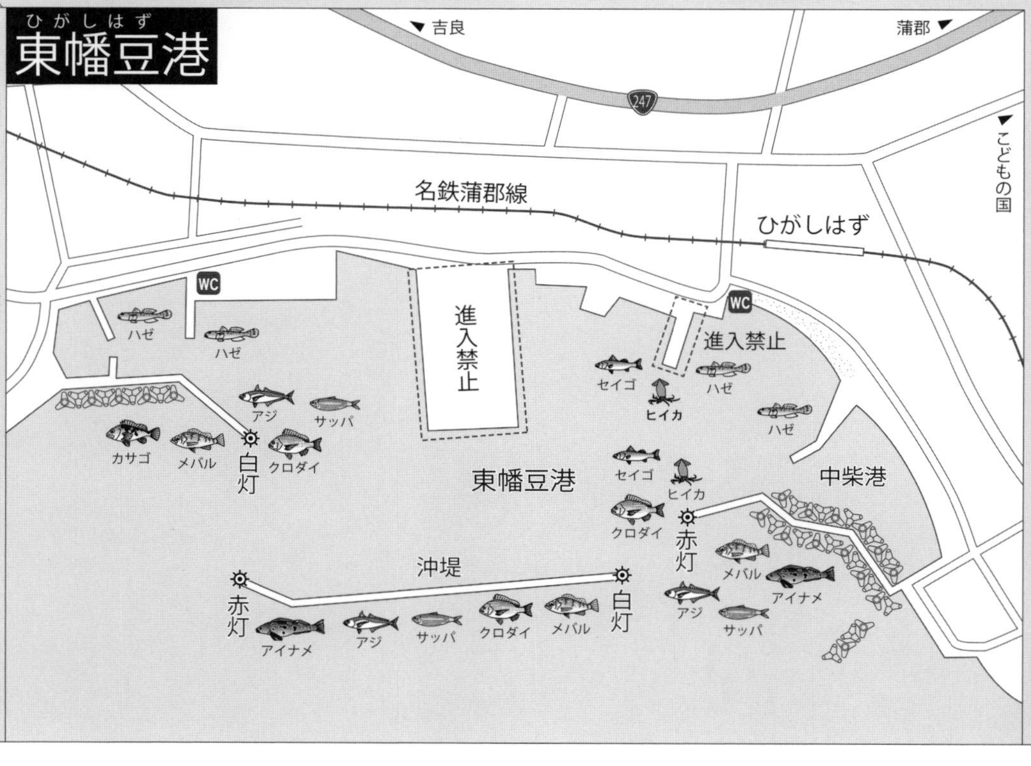

吉良
蒲郡
247
こどもの国
名鉄蒲郡線
ひがしはず
進入禁止
進入禁止
東幡豆港
中柴港
沖堤
白灯
赤灯
赤灯
白灯
ハゼ
アジ
サッパ
カサゴ
メバル
クロダイ
セイゴ
ヒイカ
アイナメ

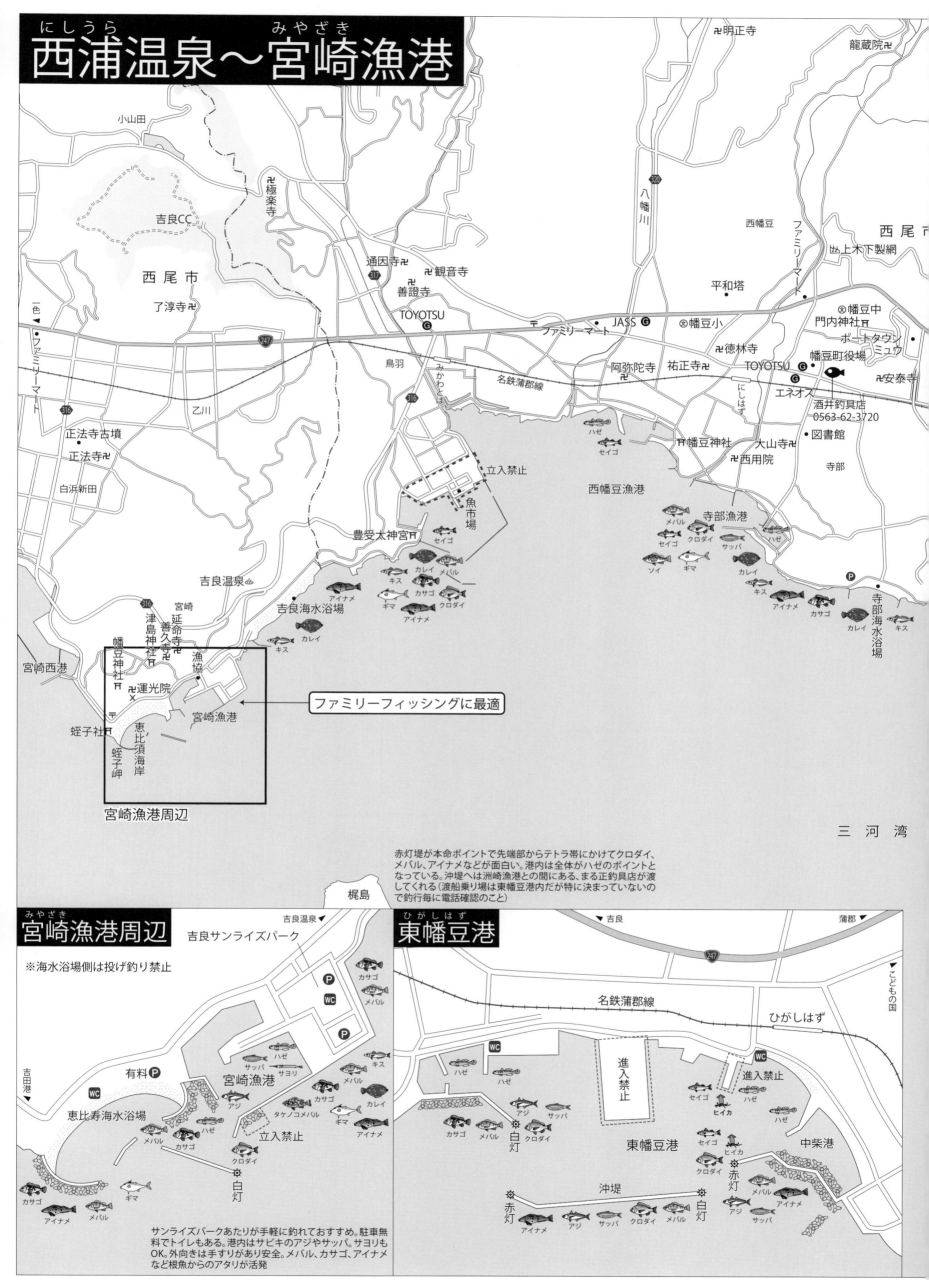

吉田《よしだ》新港 矢作古川《やはぎふるかわ》河口

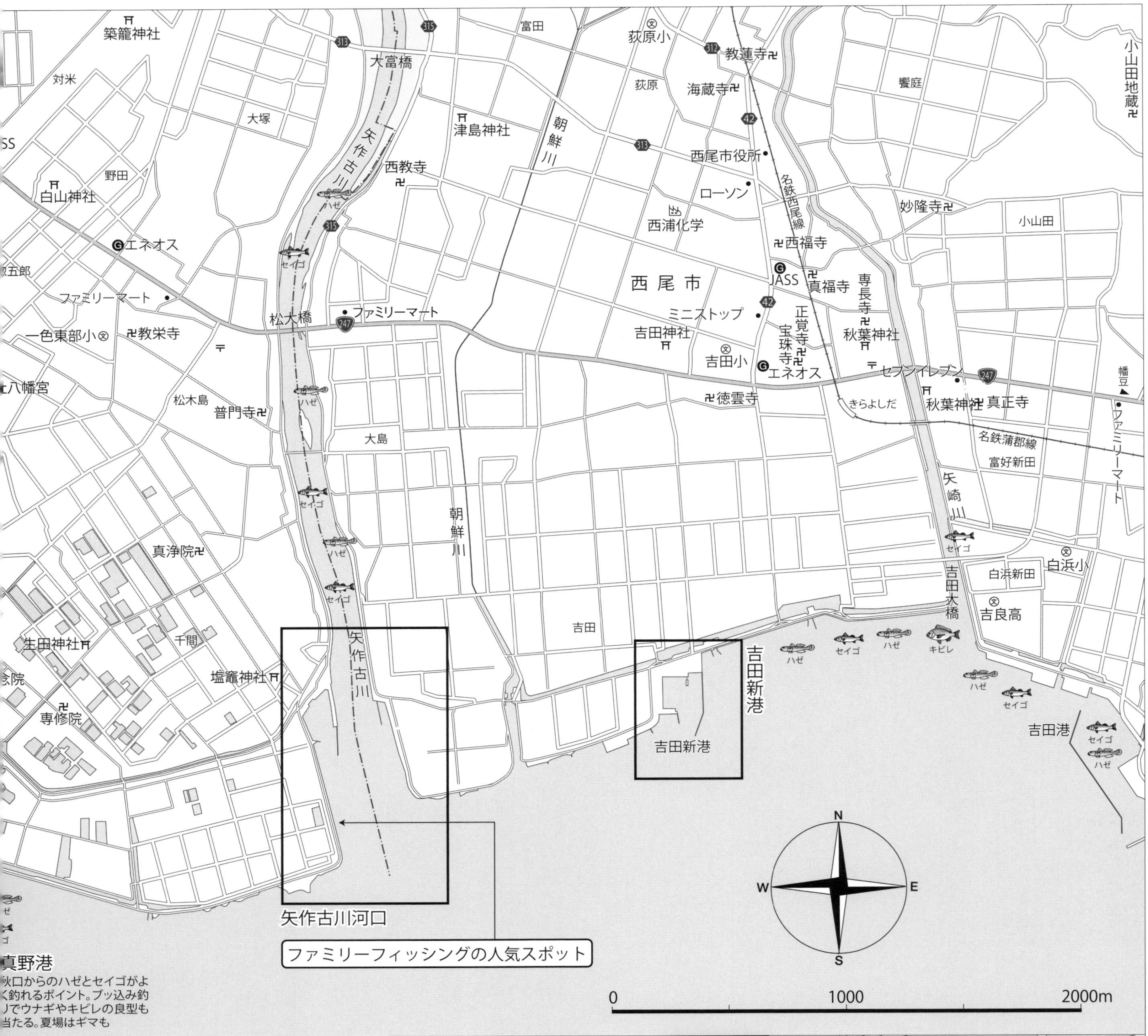

築籠神社
対米
大塚
野田
白山神社
エネオス
ファミリーマート
一色東部小
教栄寺
八幡宮
松木島
普門寺
真浄院
生田神社
千間
塩竈神社
専修院
大富橋
矢作古川
津島神社
西教寺
松大橋
ファミリーマート
大島
朝鮮川
富田
荻原小
荻原
教蓮寺
海蔵寺
西尾市役所
ローソン
西浦化学
西福寺
西尾市
JASS
真福寺
ミニストップ
吉田神社
吉田小
エネオス
正覚寺
宝珠寺
徳雲寺
名鉄西尾線
饗庭
小山田地蔵
妙隆寺
小山田
専長寺
秋葉神社
セブンイレブン
きらよしだ
秋葉神社
真正寺
名鉄蒲郡線
富好新田
ファミリーマート
幡豆
矢崎川
白浜新田
白浜小
吉田大橋
吉良高
吉田
吉田新港
吉田港
ハゼ
セイゴ
キビレ
矢作古川河口
ファミリーフィッシングの人気スポット
N
S
W
E
0
1000
2000m
真野港
三河湾

真野港

秋口からのハゼとセイゴがよく釣れるポイント。ブッ込み釣りでウナギやキビレの良型も当たる。夏場はギマも

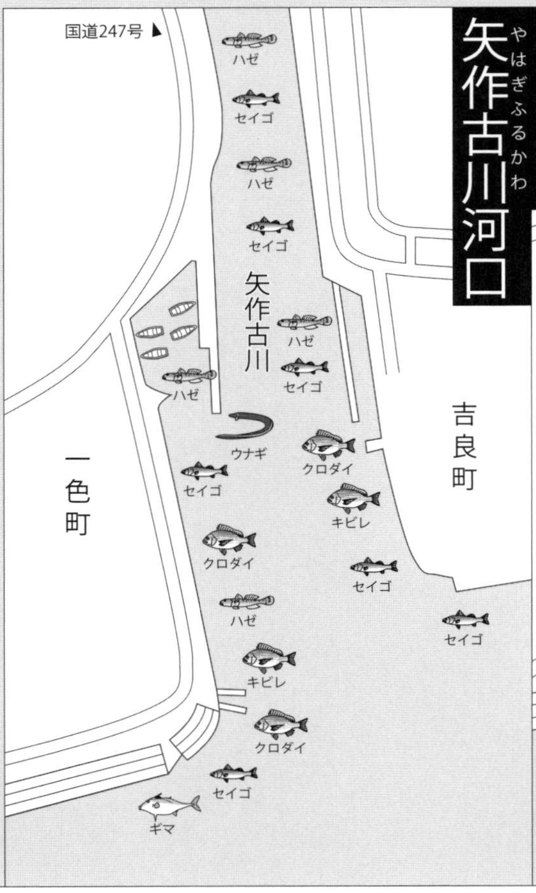

国道247号
矢作古川
一色町
吉良町
ハゼ
セイゴ
ウナギ
クロダイ
キビレ
ギマ

クロダイをねらうなら右岸側コーナーにある2本の石積み小突堤。電気ウキ釣りが人気。大潮の満潮時に水没することがあるので要注意。川筋両岸は足場がよくハゼ、セイゴ釣りで人気がある。梅雨明けごろにウナギも。右岸側の漁港からコーナーまでは足場がよくポイントも広いのでファミリーフィッシングの人気スポットになっている

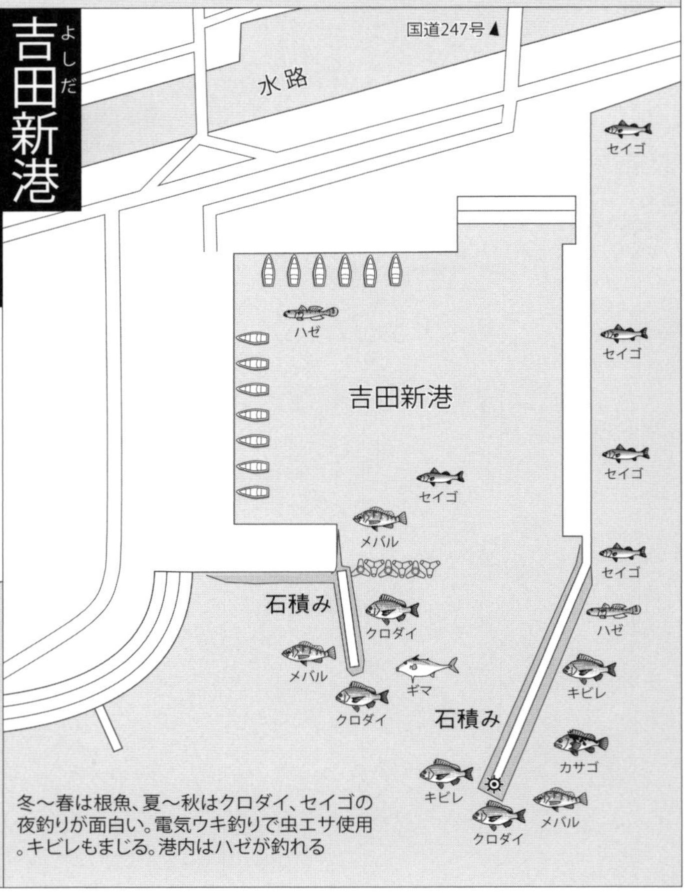

国道247号
水路
吉田新港
石積み
石積み
セイゴ
ハゼ
メバル
クロダイ
ギマ
キビレ
カサゴ

冬〜春は根魚、夏〜秋はクロダイ、セイゴの夜釣りが面白い。電気ウキ釣りで虫エサ使用。キビレもまじる。港内はハゼが釣れる

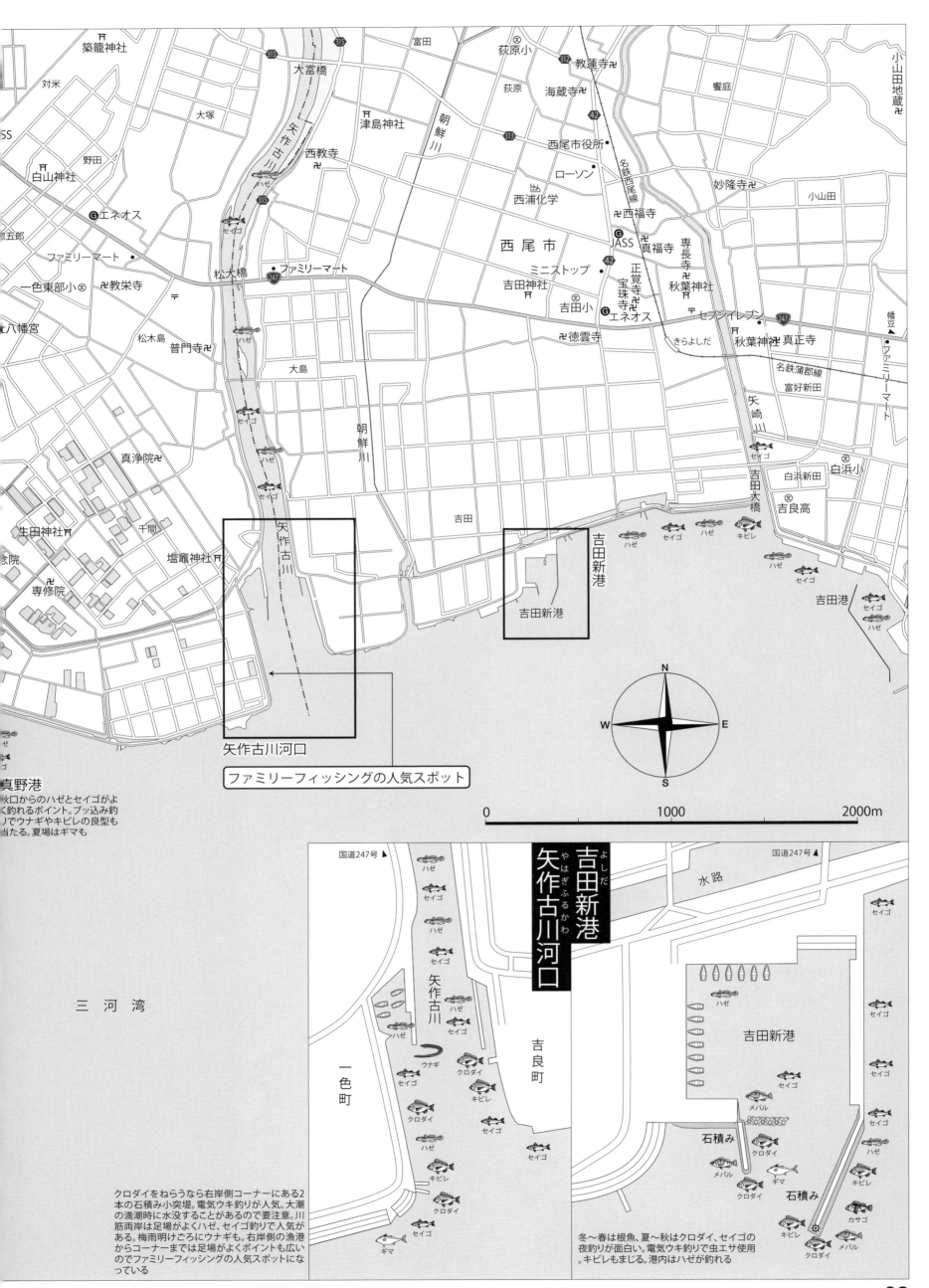

吉田《よしだ》港～一色《いっしき》漁港

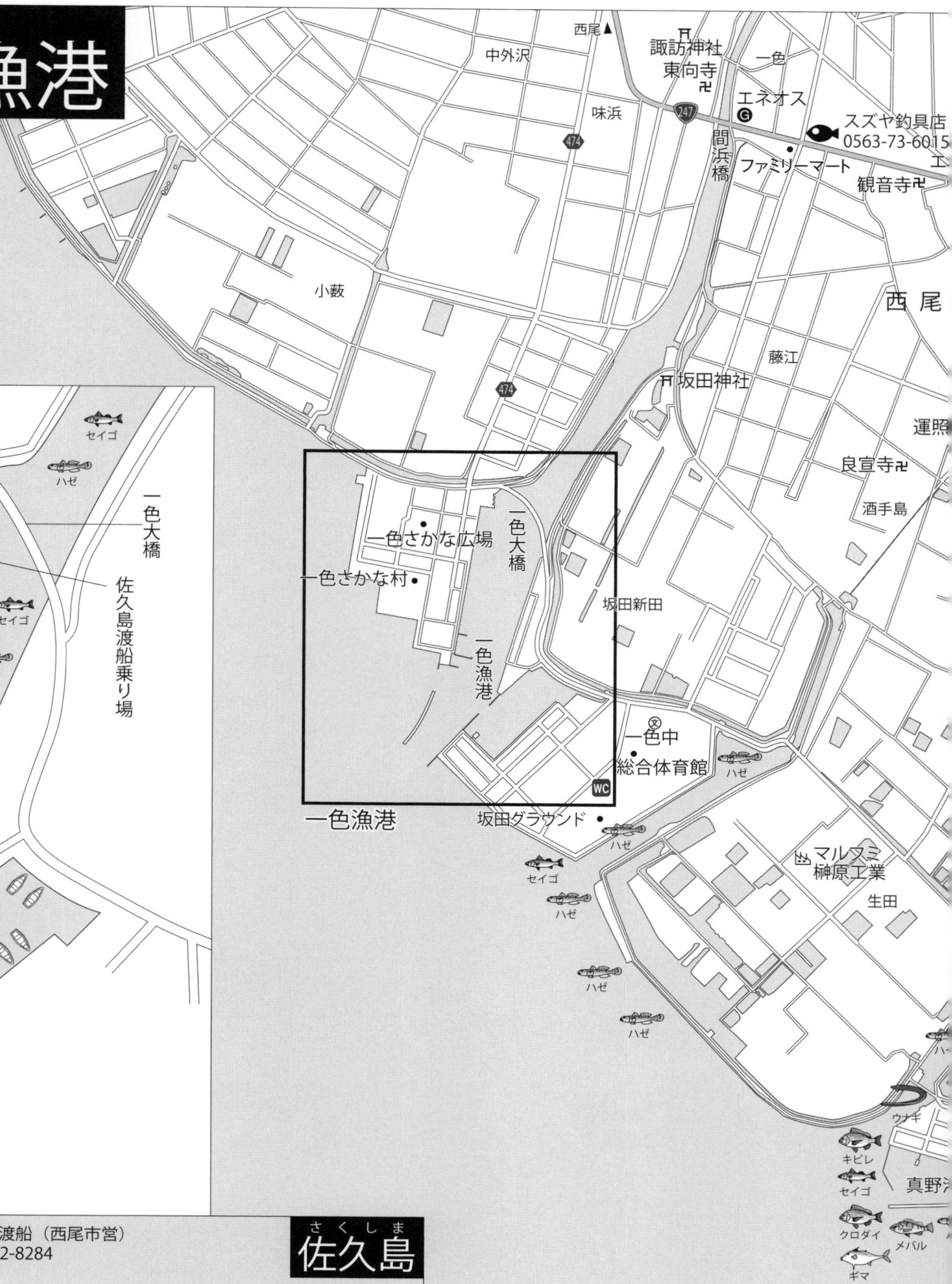
知 多 湾
西尾
中外沢
諏訪神社
東向寺
一色
エネオス
スズヤ釣具店
0563-73-6015
味浜
間浜橋
ファミリーマート
観音寺
小薮
西 尾
藤江
坂田神社
運照
良宣寺
酒手島
一色さかな広場
一色大橋
一色さかな村
坂田新田
一色漁港
一色中
総合体育館
坂田グラウンド
マルヌミ榊原工業
生田
ハゼ
セイゴ
ウナギ
キビレ
クロダイ
メバル
ギマ
真野

市子川の河口部にある一色漁港はハゼやセイゴが春から秋のメインターゲット。年によってアジが入ってくることもある。左岸側の港出入口付近は根魚やクロダイもねらえる。テトラ堤は危険なので立ち入らないこと。佐久島行きの町営渡船はこの港から出ている

一色《いっしき》漁港

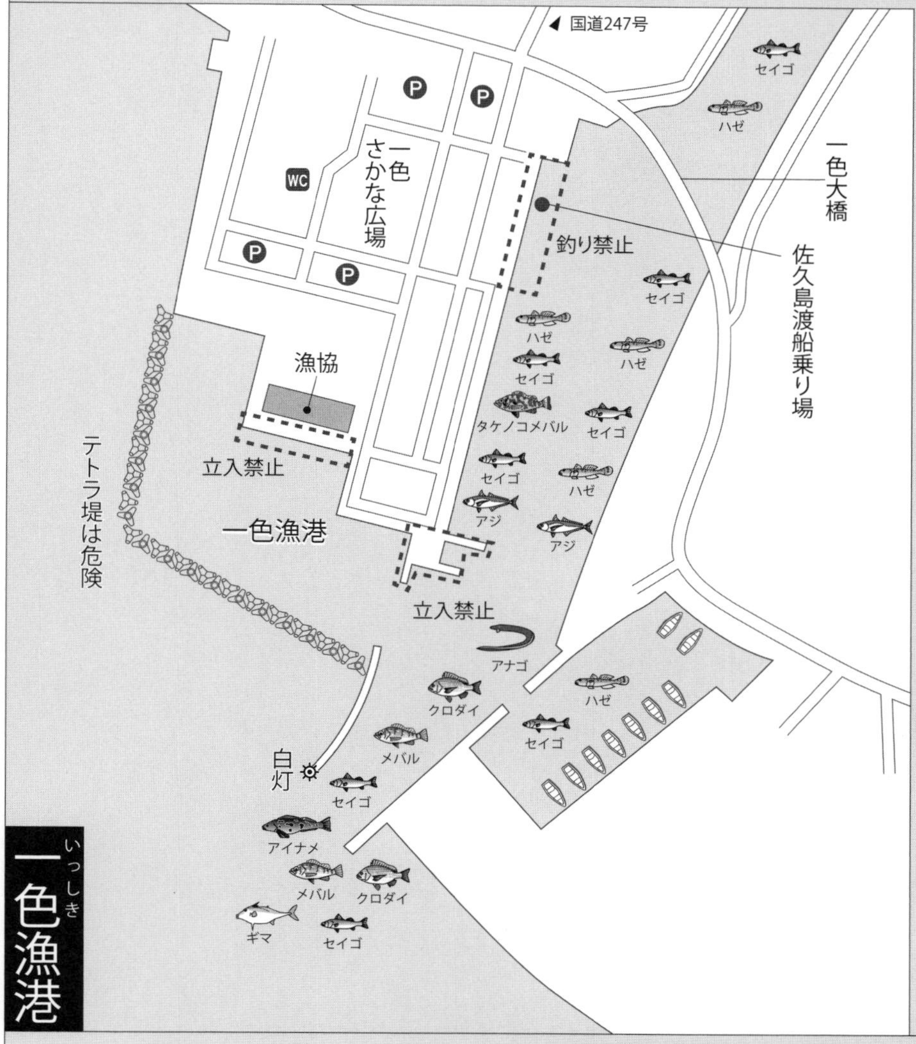
国道247号
一色さかな広場
一色大橋
釣り禁止
佐久島渡船乗り場
漁協
テトラ堤は危険
立入禁止
一色漁港
立入禁止
アナゴ
白灯
セイゴ
ハゼ
タケノコメバル
アジ
クロダイ
メバル
アイナメ
ギマ

佐久島《さくしま》

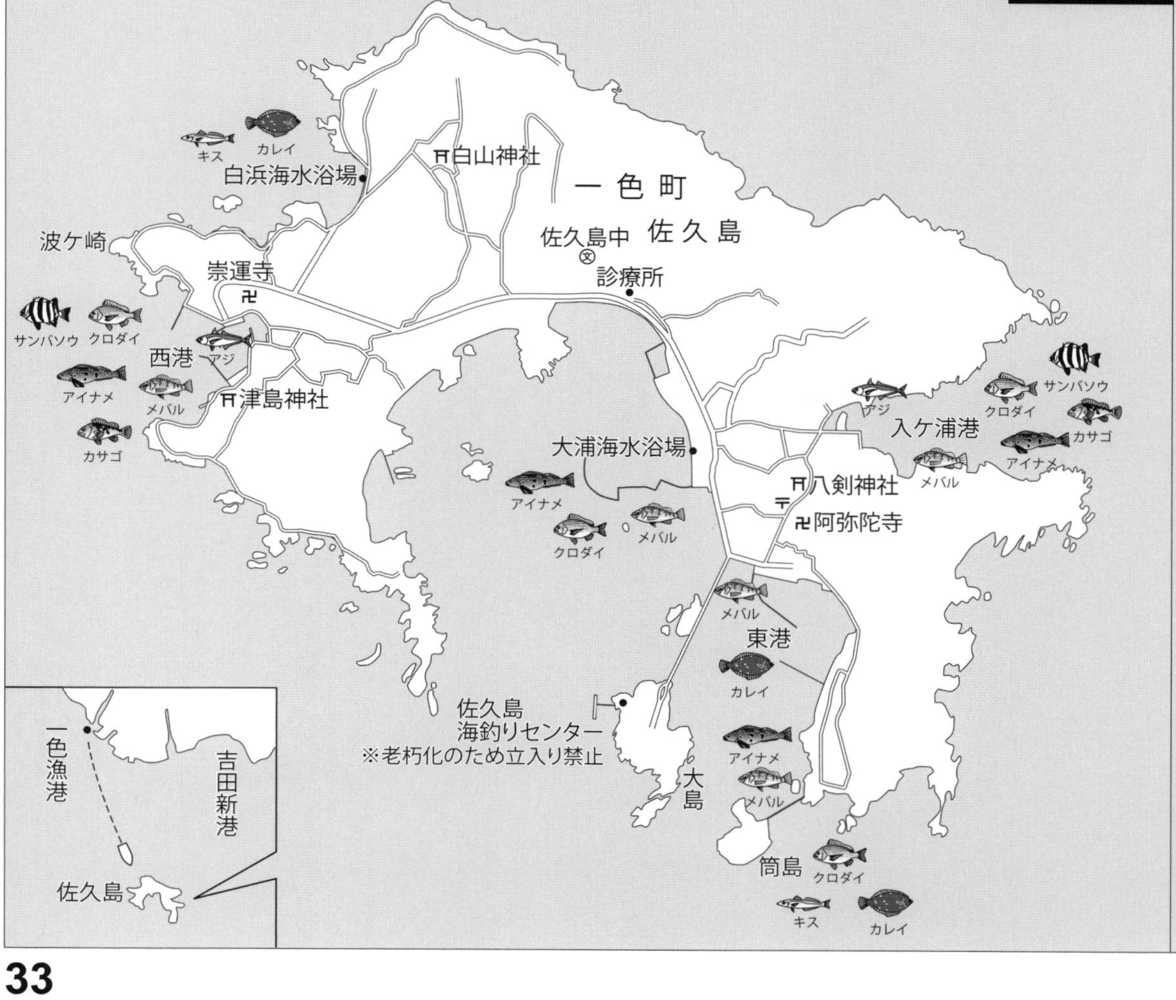
知 多 湾
渡 佐久島渡船（西尾市営）
0563-72-8284
キス
カレイ
白山神社
白浜海水浴場
一 色 町
波ケ崎
佐久島中
佐 久 島
崇運寺
診療所
サンバソウ
クロダイ
西港
アジ
アイナメ
メバル
津島神社
カサゴ
大浦海水浴場
入ケ浦港
八剣神社
阿弥陀寺
東港
佐久島
海釣りセンター
※老朽化のため立入り禁止
大島
筒島
一色漁港
吉田新港
佐久島

佐久島は「癒しとアート」をキャッチフレーズにした島おこしで近年有名になった島で、一色漁港から西尾市営の渡船で渡る。釣り場は東西の港、入ヶ浦港などいろいろある。島には海水浴、潮干狩り、クラフト体験、アート作品の鑑賞など遊びどころ、見どころ満載

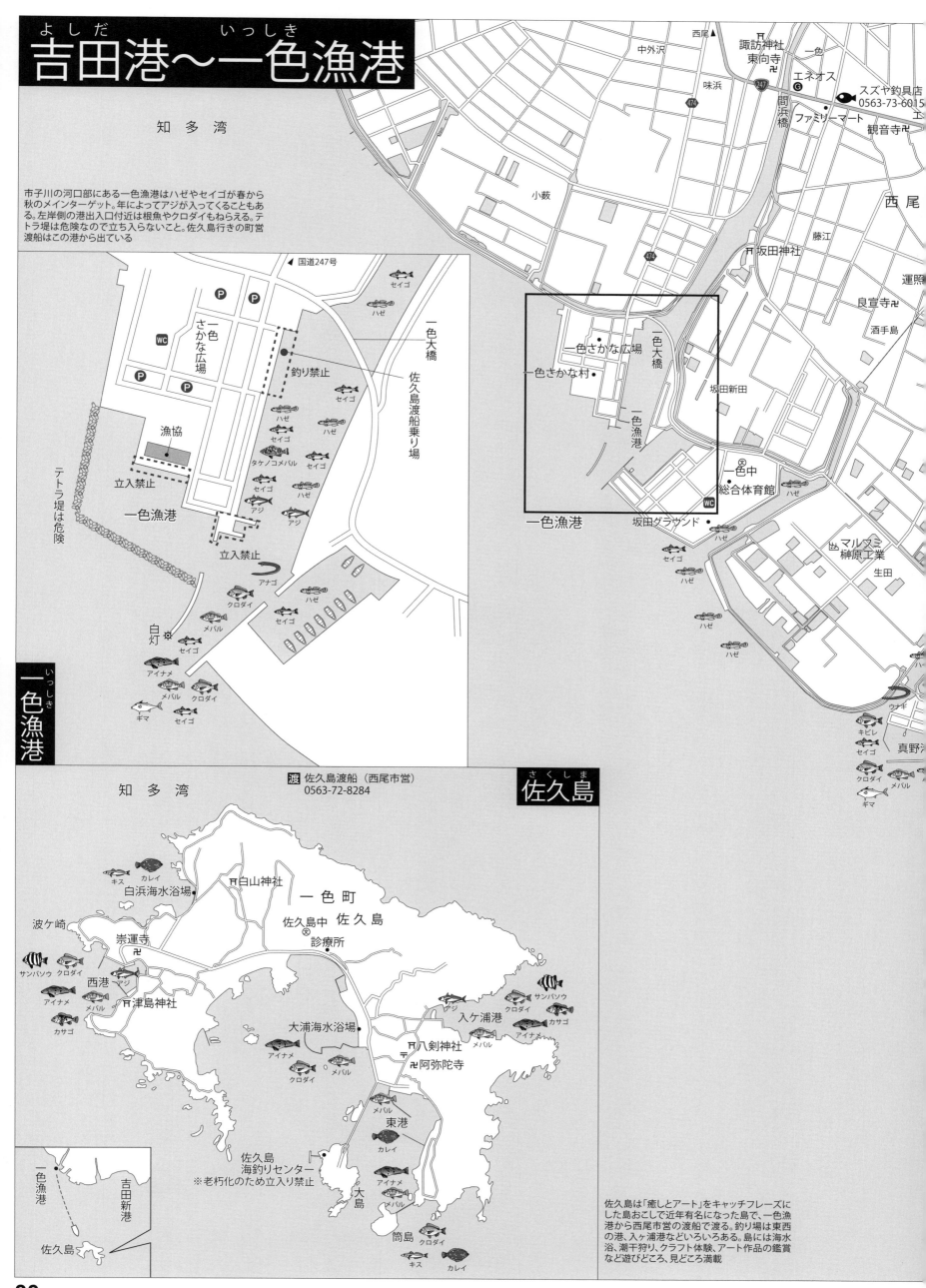

矢作川《やはぎがわ》河口周辺

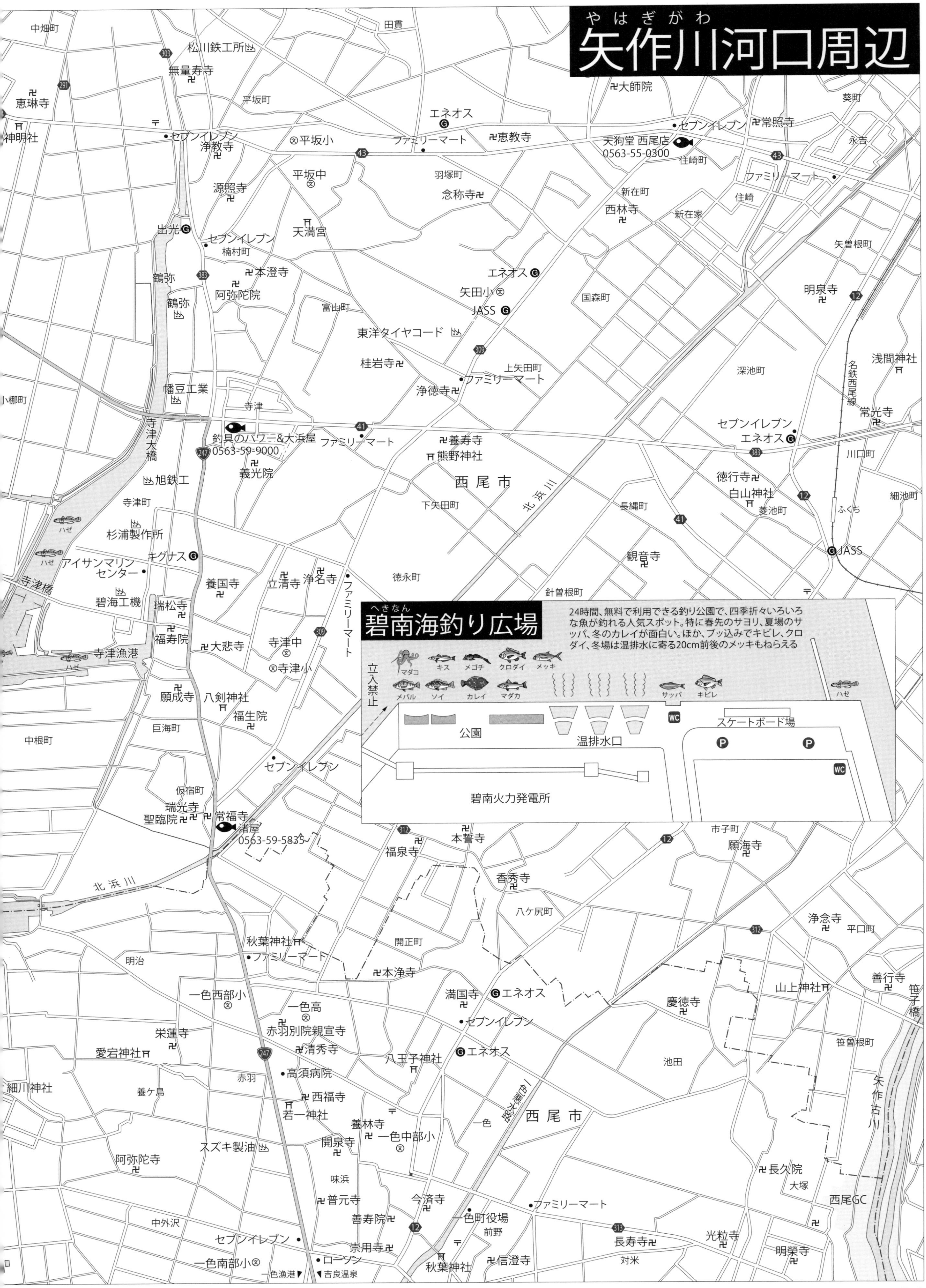

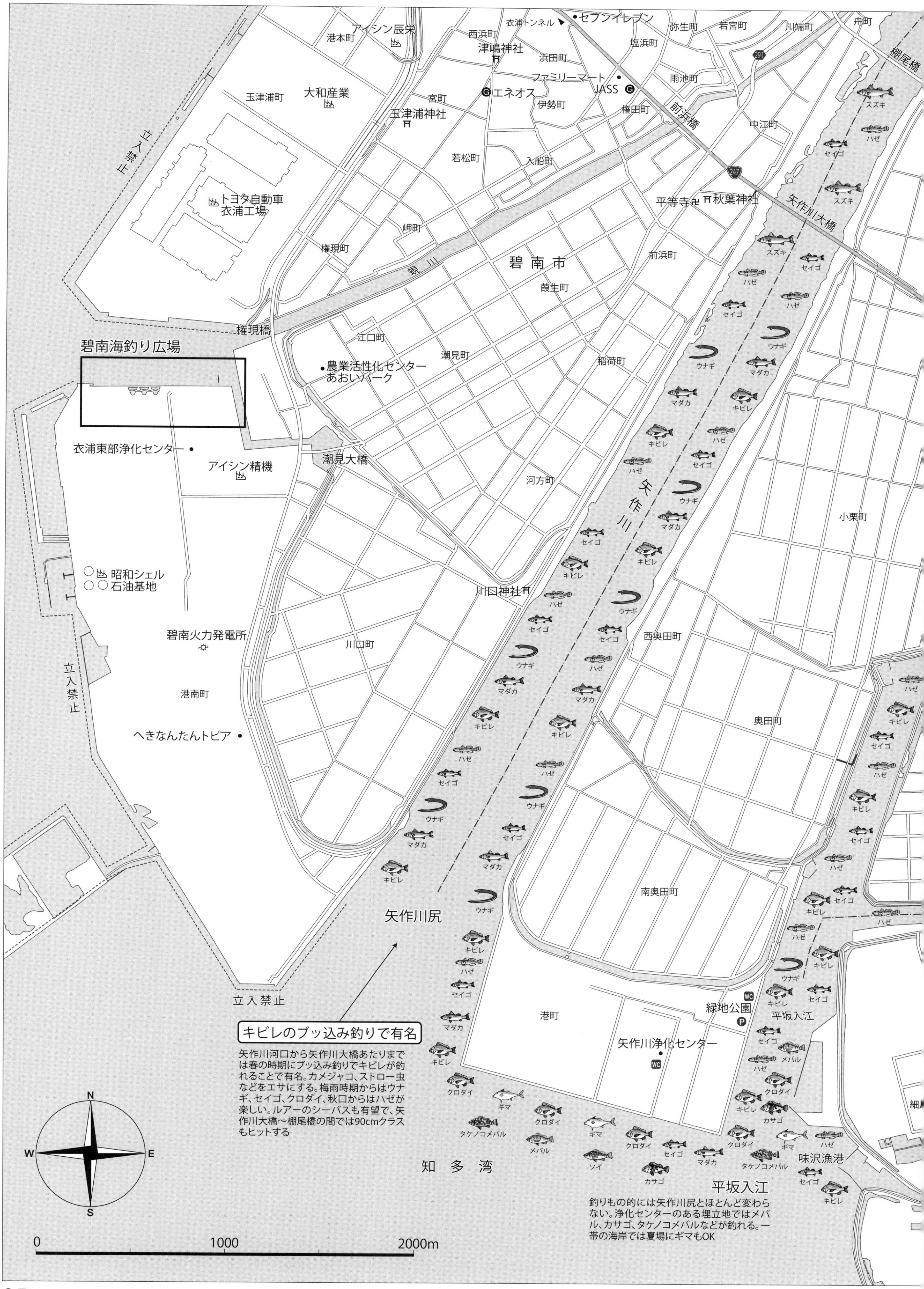
碧南海釣り広場
碧南市
衣浦トンネル
セブンイレブン
港本町
アイシン辰栄
西浜町
津嶋神社
浜田町
弥生町
若宮町
川端町
舟町
棚尾橋
塩浜町
ファミリーマート
JASS
エネオス
雨池町
玉津浦町
大和産業
宮町
伊勢町
権田町
前浜橋
中江町
玉津浦神社
若松町
入船町
トヨタ自動車
衣浦工場
平等寺
秋葉神社
矢作川大橋
岬町
権現町
前浜町
蜆川
葭生町
権現橋
江口町
潮見町
稲荷町
農業活性化センター
あおいパーク
衣浦東部浄化センター
アイシン精機
潮見大橋
河方町
矢作川
小栗町
昭和シェル
石油基地
川口神社
西奥田町
碧南火力発電所
川口町
港南町
奥田町
へきなんたんトピア
南奥田町
矢作川尻
立入禁止
立入禁止
立入禁止
港町
緑地公園
平坂入江
矢作川浄化センター
知多湾
味沢漁港
細
スズキ
ハゼ
セイゴ
ウナギ
マダカ
キビレ
クロダイ
ギマ
タケノコメバル
メバル
ソイ
カサゴ
N
S
E
W
0
1000
2000m
キビレのブッ込み釣りで有名
矢作川河口から矢作川大橋あたりまでは春の時期にブッ込み釣りでキビレが釣れることで有名。カメジャコ、ストロー虫などをエサにする。梅雨時期からはウナギ、セイゴ、クロダイ、秋口からはハゼが楽しい。ルアーのシーバスも有望で、矢作川大橋～棚尾橋の間では90cmクラスもヒットする
平坂入江
釣りもの的には矢作川尻とほとんど変わらない。浄化センターのある埋立地ではメバル、カサゴ、タケノコメバルなどが釣れる。一帯の海岸では夏場にギマもOK

亀崎《かめざき》港
衣浦大橋
亀崎海浜緑地
セイゴ
ハゼ
サヨリ
サッパ
「亀ハゼ」と親しみを込めて呼ばれるほど、とにかくハゼ釣りで有名なポイント。港内は6月ごろから釣れ始める。夏になればルアーでシーバス、サビキでサッパなども釣れる
亀崎港
立入禁止
東海大府インター
平成大橋
体育館
ファミリーマート
常照寺
観音寺
サンテックゴルフJJ9
神後院
伊久智神社
天満宮
コスモ
生路
東浦町
ひがしうら
昭和シェル
専正寺
藤江神社
藤江
JR武豊線
高浜川
セブンイレブン
エネオス
石塚町
蓮念寺
福住寺
有脇町
緑ケ丘
稲穂町
愛知製鋼
衣浦貯木場
矢知町
半田東高
日本福祉大
亀崎大洞町
州の崎町
上池
のぞみが丘
亀崎新田町
イクヨ
オーシカケミック
亀崎エスティーG
平地馬場町
金剛寺
一本木町
大高町
にごり池公園
半田市
東海興業
日野
相生発酵
衣浦大橋
州の崎公園
七本木池
七本木町
ローソン
亀崎中
亀崎月見町
亀崎北浦町
亀崎小
大池神社
かめざき
亀崎高根町
東光寺
浄願寺
亀崎港
大池町
乙川中
亀崎常盤町
亀崎相生町
来教寺
寶鏡寺
新明社
平地町
鶴城寺
神前町
ハゼ釣りのメッカ
前田町
エネオス
ファミリーマート
亀崎町
花田町
潮干町
新居町
大松町
出光
市杵嶋神社
セブンイレブン
興和工業所
中央ビルト工業
東山工業所
日本バーカライジング
向山町
朝日金属
イクヨ
鶴弥
昭和シェル
乙川向田町
半田市街
刈谷市
信厚寺
金比羅神社
エネオス
小垣江町
伊藤金属
おがきえ
名鉄三河線
荒井町
クロダイト工業
養魚場
日本ペイント
釣人丸釣り具店
0566-53-2002
貯木場
セブンイレブン
八幡町
新田町
よしはま
白蓮寺
寿覚寺
小池町
屋敷町
柳池寺
呉竹町
ローソン
芳川町
豊田
湯山町
ミツカン
フレシア
衣浦臨海鉄道
高浜神社
秋葉神社
春日町
沢渡町
高浜中
みかわたかはま
高浜市
高浜市役所
立正寺
塩前寺
青木町
観音寺
大橋屋
0566-53-0773
常照院
尾張屋
0566-53-0907
高浜小
高浜署
稗田町
稗田川
たかはまみなと
論地町
碧海町
野安製瓦
秋篠寺
南中
港小
二池町
汐留橋
高浜川
神守製瓦
田戸町
久沓町
丸山町
碧南市
田戸神社
田尻町
ジェイテクト
専興寺
松江町
六軒町
明石公園
衣浦トンネル
きたしんかわ

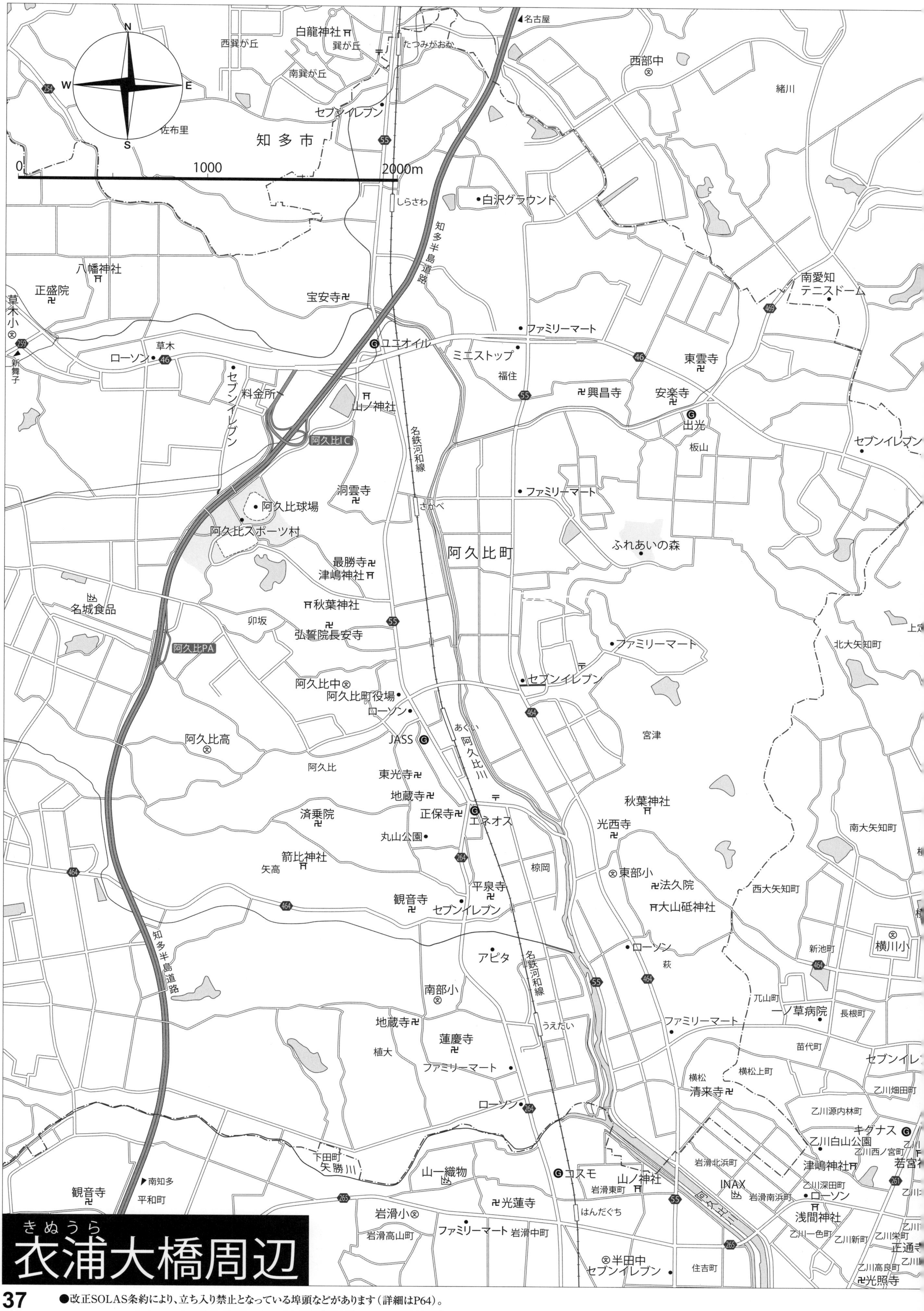

衣浦《きぬうら》大橋周辺

●改正SOLAS条約により、立ち入り禁止となっている埠頭などがあります（詳細はP64）。

初冬の街灯に寄るヒイカをねらう
10月中旬から12月、街灯の明かりに寄るヒイカがねらえるポイント。駐車場、トイレがある人気スポット
サビキでサッパやコノシロ釣りが面白い。セイゴねらいの電気ウキ釣りも人気
ファイザーの岸壁、ファイザー前などとも呼ばれる武豊緑地はチョイ投げでハゼ、カレイ、アイナメなどがメインの釣りもの。ルアーのシーバス、落とし込みのクロダイ釣りもOK。護岸には手すりがあり安全。駐車場、トイレもあるのでファミリーフィッシングも大丈夫
半田港
衣浦トンネル
衣浦港
知多湾
武豊緑地
碧南市
伊藤釣具店
0566-41-2778
JASS
乙川天満宮
乙川八幡町
乙川浜側町
亀崎港
おっかわ
浜田町
古浜町
相賀町
中午町
高砂町
中億田町
神清
八軒町
三州石川
東億田町
半田重工業
川田町
西億田町
さくら小
法務局
市役所
半田病院
ファミリーマート
知多建設事務所
瑞穂町
セブンイレブン
ラウンドワンスタジアム
臨海公園
テニスコート
愛知海運
海上保安署
半田市
クリーンセンター
乙川末広町
リンタツ
山方橋
阿久比川
稗田川
日東町変電所
サン・ビック
瀧上工業
豊田メタル
日本車輌製造
十一号地
近藤産興半田
機材センター
半田緑地公園
立入禁止
半田マリングラウンド
衣浦西部浄化センター
半田ゴルフリンクス
柏商工
潮干町
アイシン精機
半田電子工場
三洋化学工業
ダウ・ケミカル日本
日東町
豊田自動織機
セイゴ
ハゼ
ヒイカ
ギマ
クロダイ
カサゴ
メバル
サッパ
サヨリ
カレイ
キス
碧南緑地
碧南署
港大浜橋
大浜漁港
衣浦総合卸売市場
港本町
玉津浦
グラウンド
アイシン辰栄
玉津浦町
大和産業
玉津浦神社
トヨタ自動車
衣浦工場
権現町
岬町
蜆川
権現橋
江口町
港南町
農業活性化センター
あおいパーク
碧南海釣り広場
衣浦東部浄化センター
高浜
明石公園
松江町
パーツ衣浦
エネオス
山神町
明石町
藤秀寺
新川港
浅間町
港新川橋
新川
道場山町
第1号須磨海岸緑地
須磨町
丸長
宮後町
出光
長崎ジャッキ
ローソン
天王町
海神社
光専寺
浜町
日本金属工業
衣浦臨海鉄道
大浜上町
中松町
碧南海浜
水族館
石橋町
名鉄三河線
正覚院
深弥寺
善明町
碧南市
臨海公園
本郷町
羽根町
林泉寺
セブンイレブン
へきなん
中町
浜寺町
宝珠寺
源氏町
音羽町
築山町
称名寺
錦町
弥生町
塩浜町
西浜町
津島神社
浜田町
ファミリーマート
雨池町
宮町
伊勢町
権田町
前浜橋
入船町
若松町
前浜町
葭生町
稲荷町
河方町
田中町
矢作川
0
1000
2000m
N
S
E
W

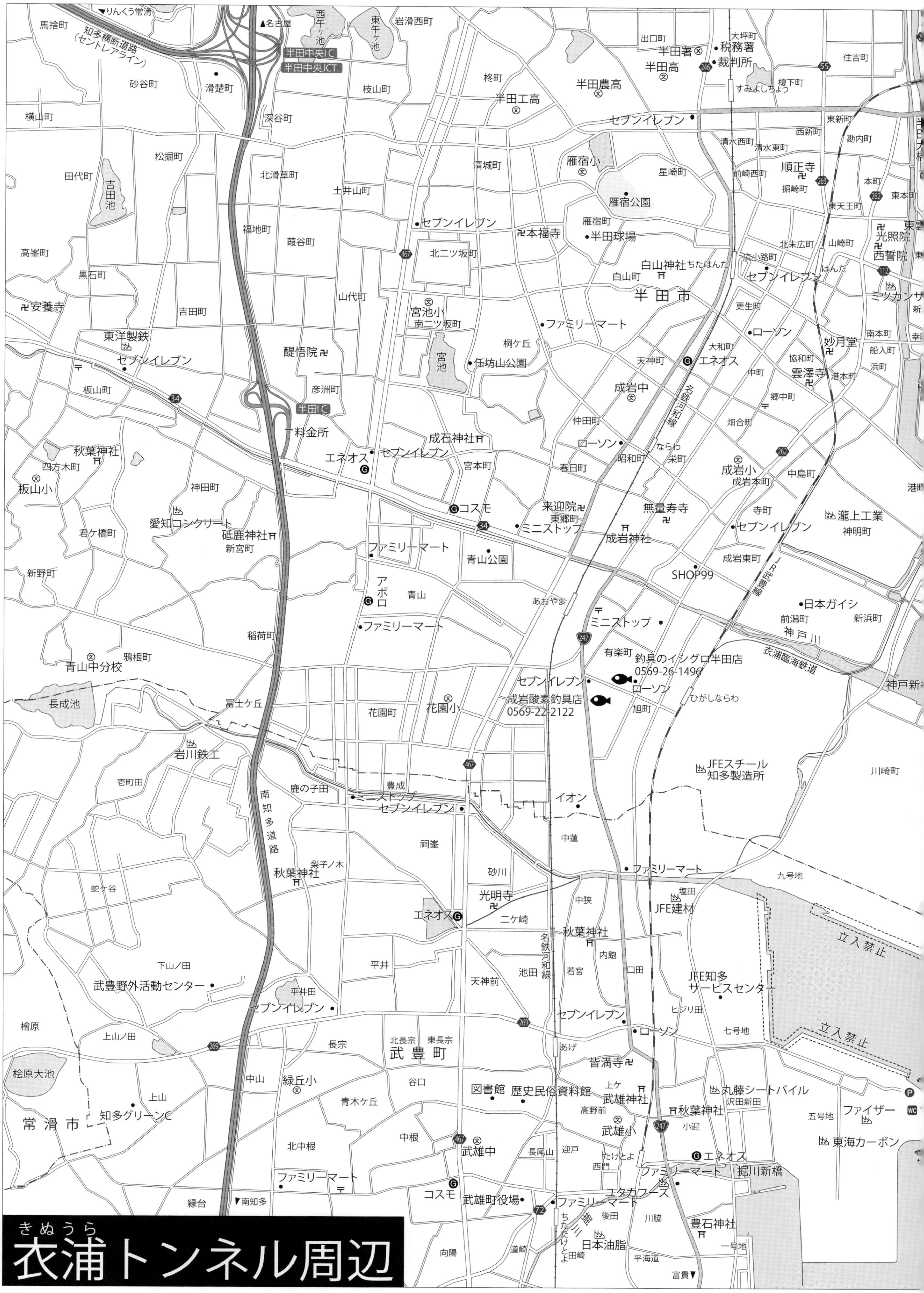

衣浦《きぬうら》トンネル周辺

●改正SOLAS条約により、立ち入り禁止となっている埠頭などがあります（詳細はP64）。

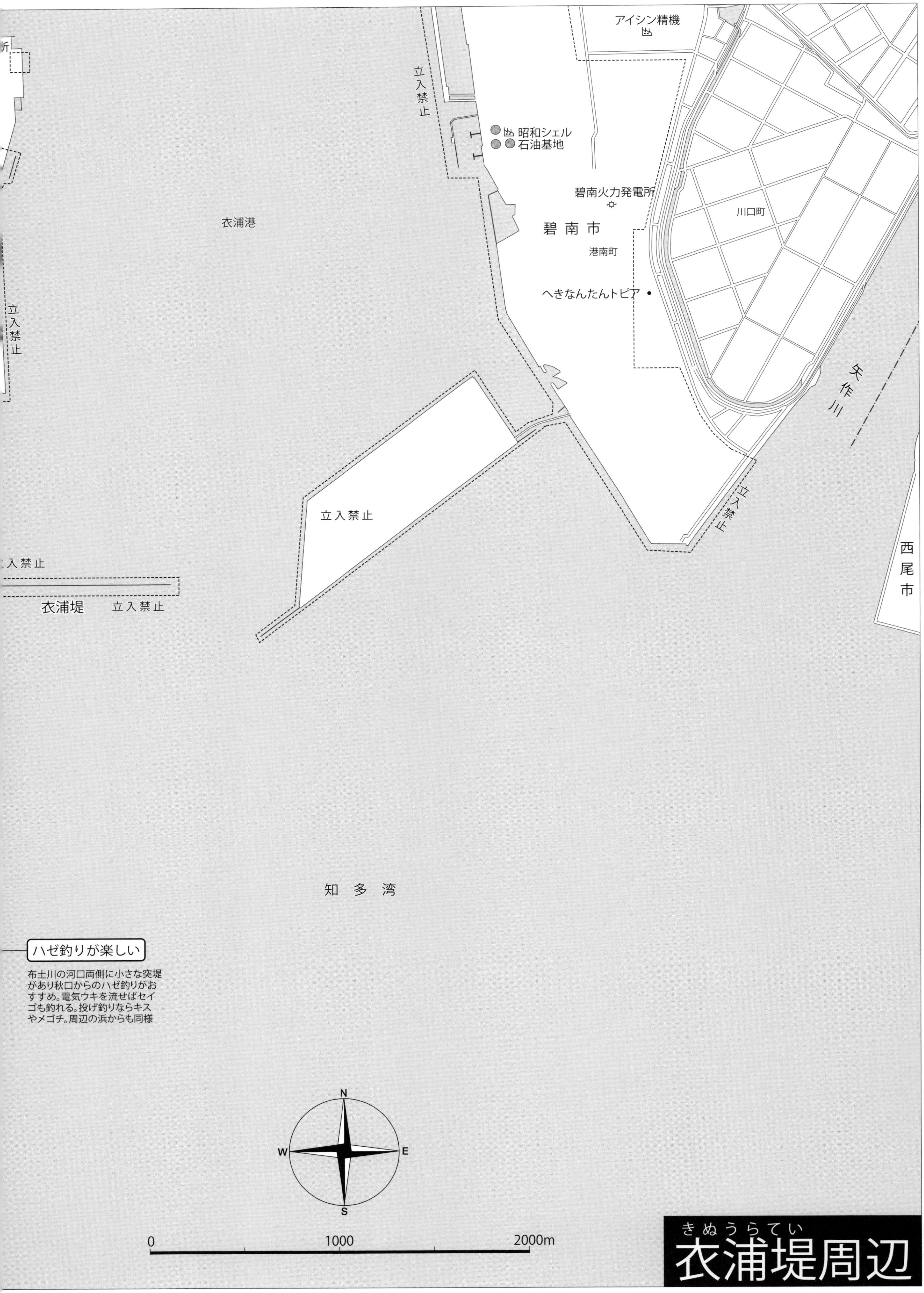
アイシン精機
立入禁止
昭和シェル
石油基地
碧南火力発電所
衣浦港
碧南市
川口町
港南町
へきなんたんトピア
矢作川
立入禁止
立入禁止
西尾市
立入禁止
衣浦堤
立入禁止
立入禁止
知多湾
N
W
E
S
0
1000
2000m

ハゼ釣りが楽しい

布土川の河口両側に小さな突堤があり秋口からのハゼ釣りがおすすめ。電気ウキを流せばセイゴも釣れる。投げ釣りならキスやメゴチ。周辺の浜からも同様

衣浦堤《きぬうらてい》周辺

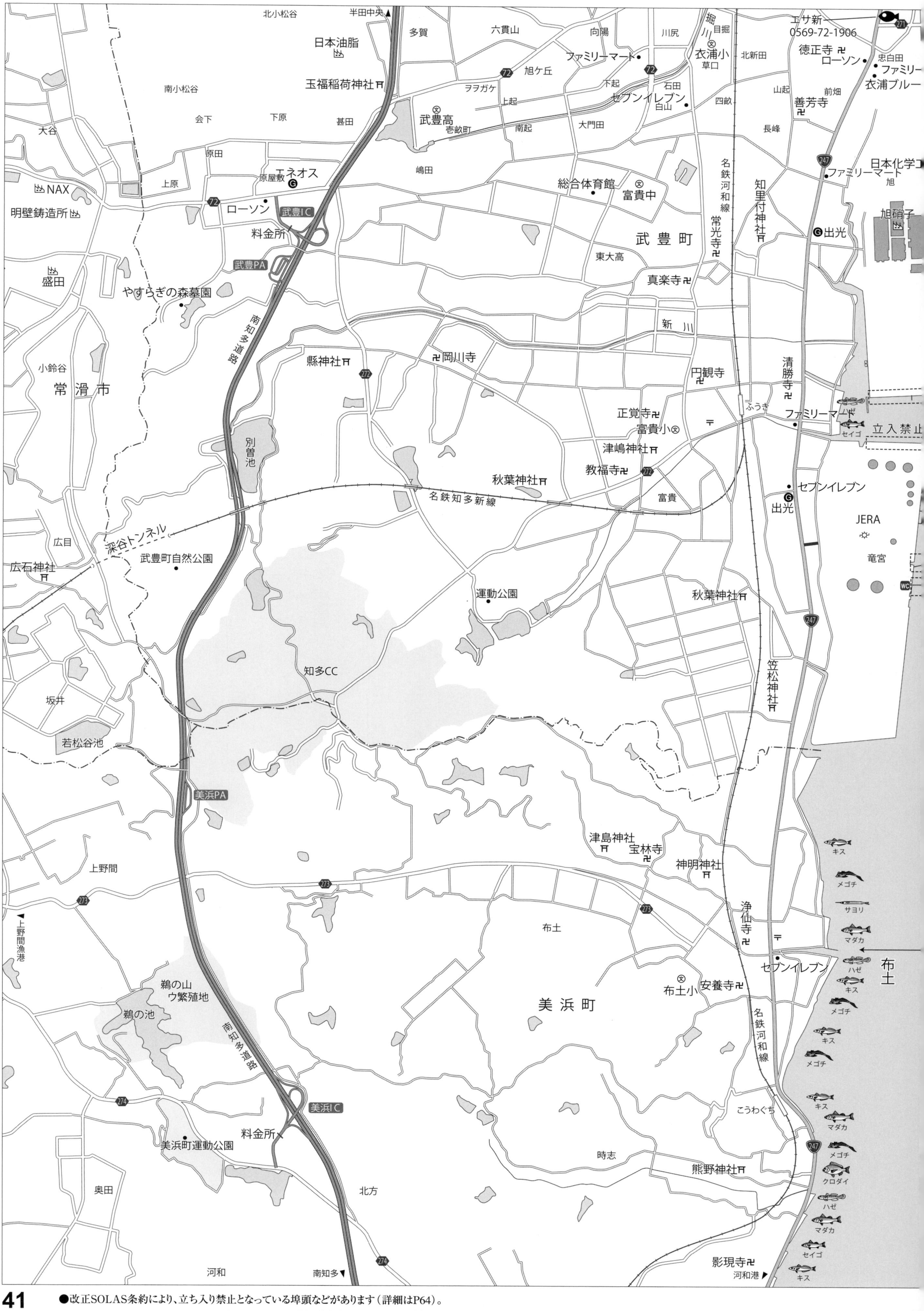

●改正SOLAS条約により、立ち入り禁止となっている埠頭などがあります（詳細はP64）。

河和《こうわ》漁港

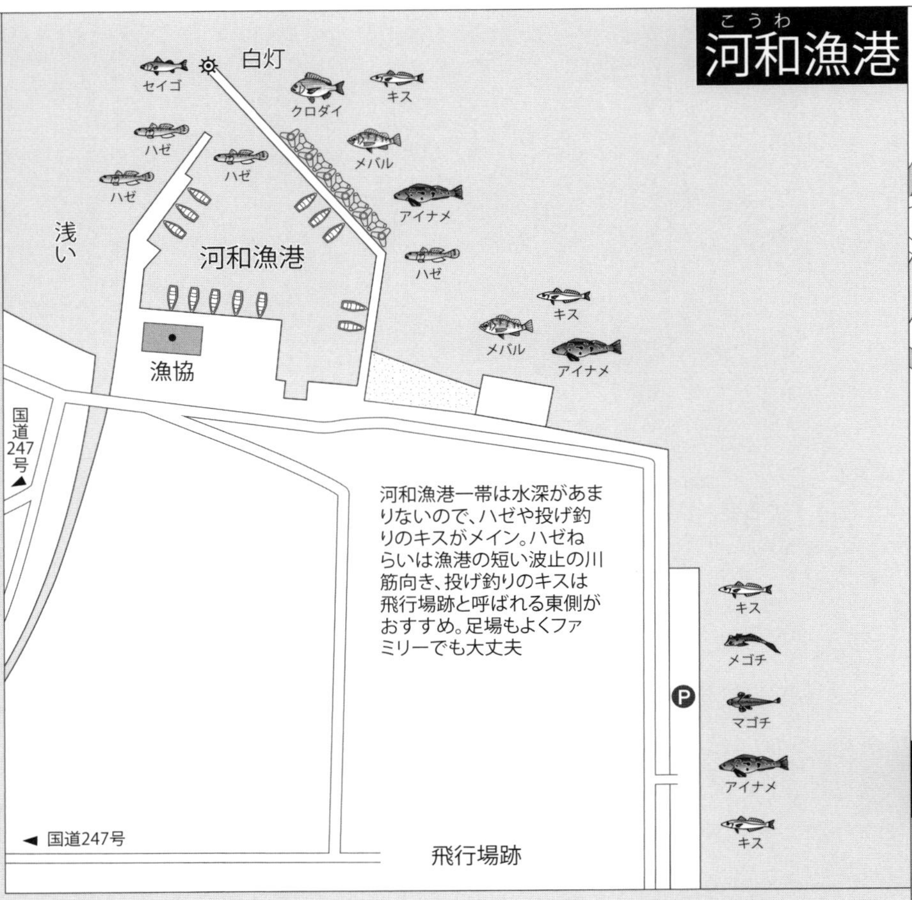

白灯
セイゴ
クロダイ
キス
ハゼ
ハゼ
メバル
ハゼ
アイナメ
浅い
河和漁港
ハゼ
キス
メバル
アイナメ
漁協
国道247号
キス
メゴチ
マゴチ
アイナメ
キス
◀ 国道247号
飛行場跡

河和漁港一帯は水深があまりないので、ハゼや投げ釣りのキスがメイン。ハゼねらいは漁港の短い波止の川筋向き、投げ釣りのキスは飛行場跡と呼ばれる東側がおすすめ。足場もよくファミリーでも大丈夫

河和《こうわ》港

メバルは外側テトラからモエビをエサにドウヅキ仕掛けでカケアガリをねらう。投げ釣りは白灯防波堤の角がベストで良型カレイ、キスが釣れる。クロダイの前打ちもOK。港内や川筋はハゼが楽しい

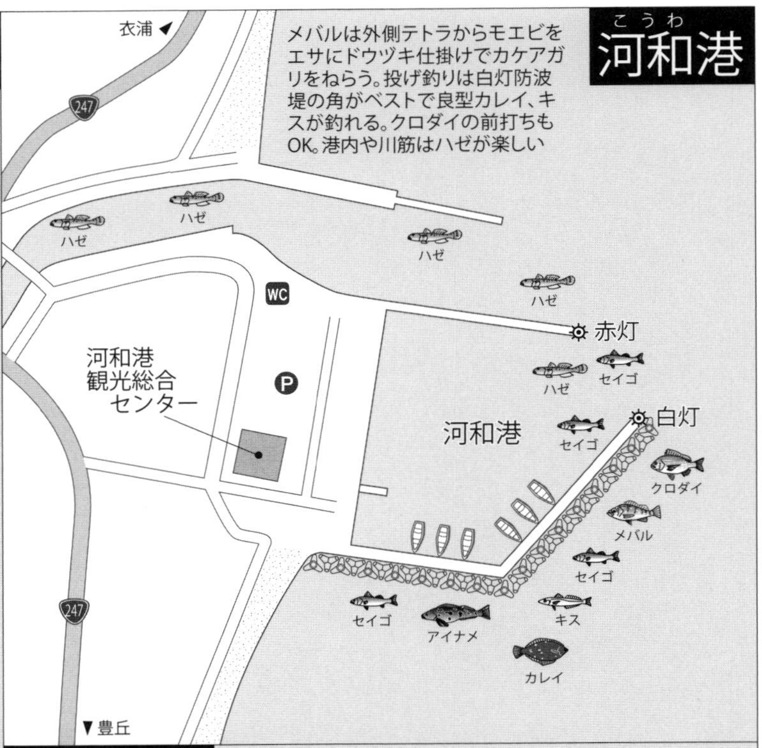

衣浦 ◀
247
ハゼ
ハゼ
ハゼ
WC
ハゼ
赤灯
河和港
観光総合
センター
P
ハゼ
セイゴ
河和港
セイゴ
白灯
クロダイ
メバル
セイゴ
247
セイゴ
アイナメ
キス
カレイ
▼ 豊丘

豊丘《とよおか》漁港

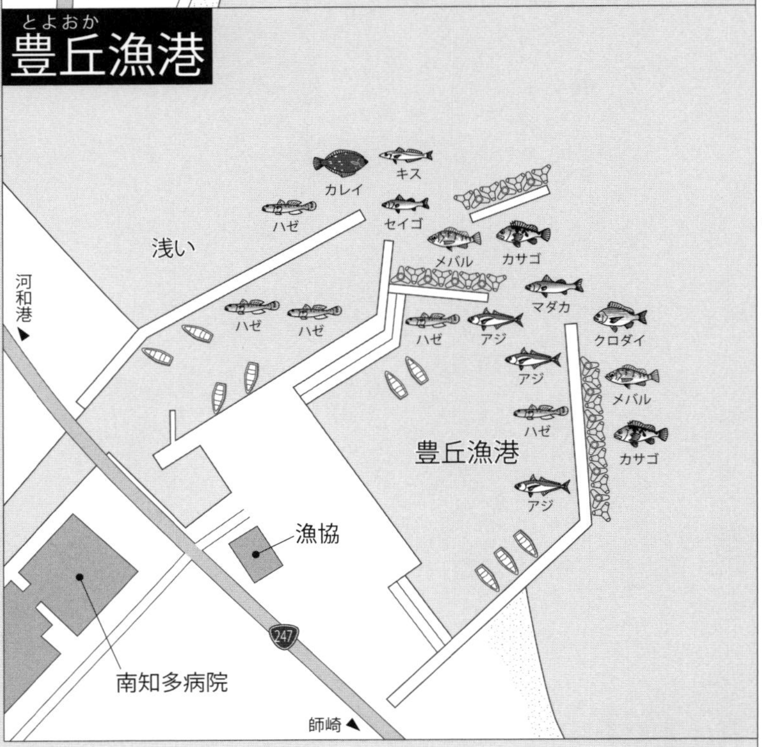

カレイ
キス
ハゼ
セイゴ
浅い
メバル
カサゴ
河和港
ハゼ
ハゼ
マダカ
ハゼ
アジ
クロダイ
アジ
メバル
ハゼ
カサゴ
豊丘漁港
アジ
漁協
247
南知多病院
師崎

豊丘漁港はハゼ釣りで有名なポイント。港内向きをねらう。テトラからはフカセ釣りでクロダイ、電気ウキの流し釣りでセイゴやマダカ。冬場は根魚を探ると面白い

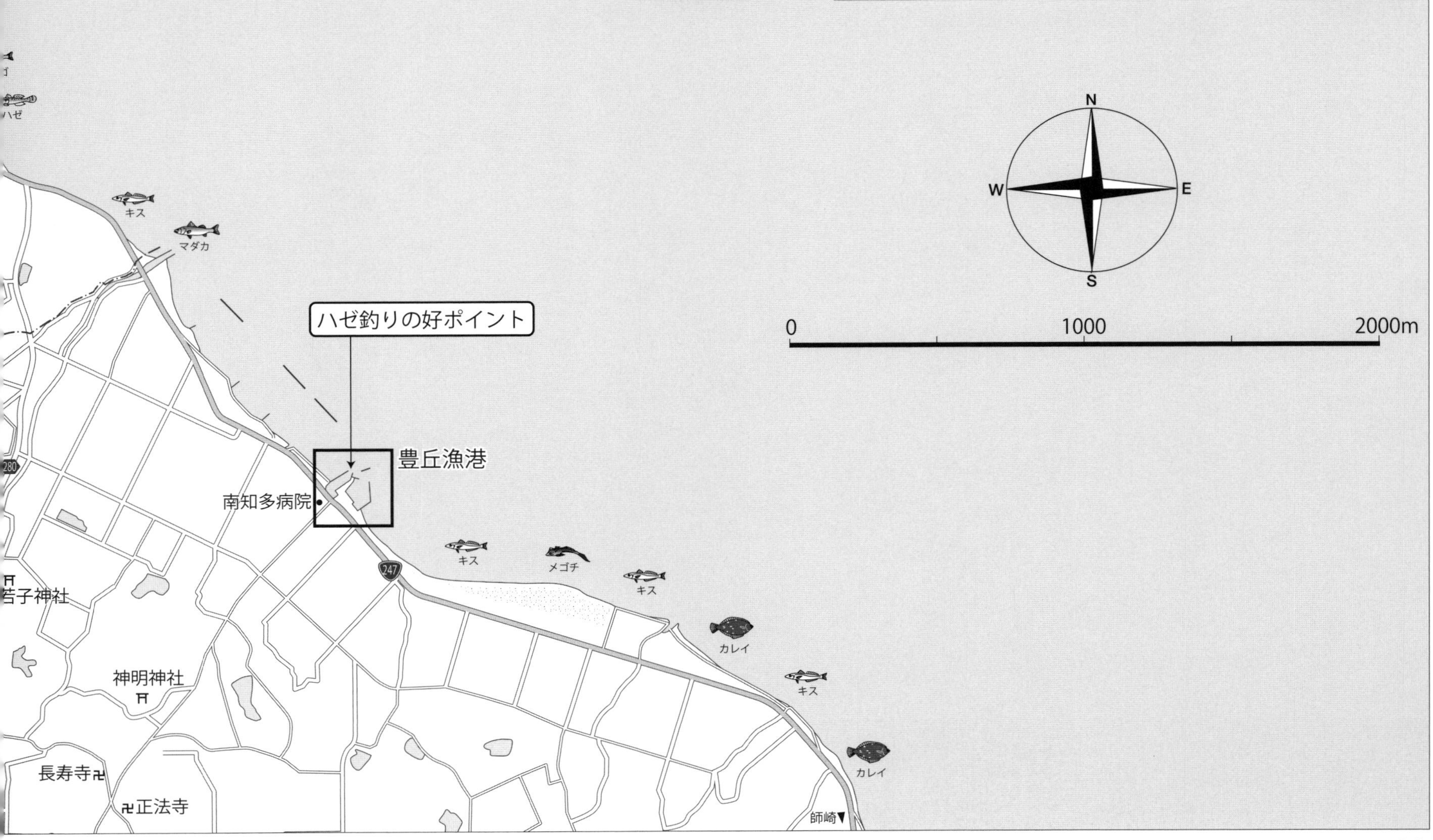

知 多 湾
ならここ
ハゼ
キス
マダカ
ハゼ釣りの好ポイント
豊丘漁港
南知多病院
280
247
キス
メゴチ
キス
カレイ
キス
カレイ
子神社
神明神社
長寿寺
正法寺
師崎
N
W
E
S
0
1000
2000m

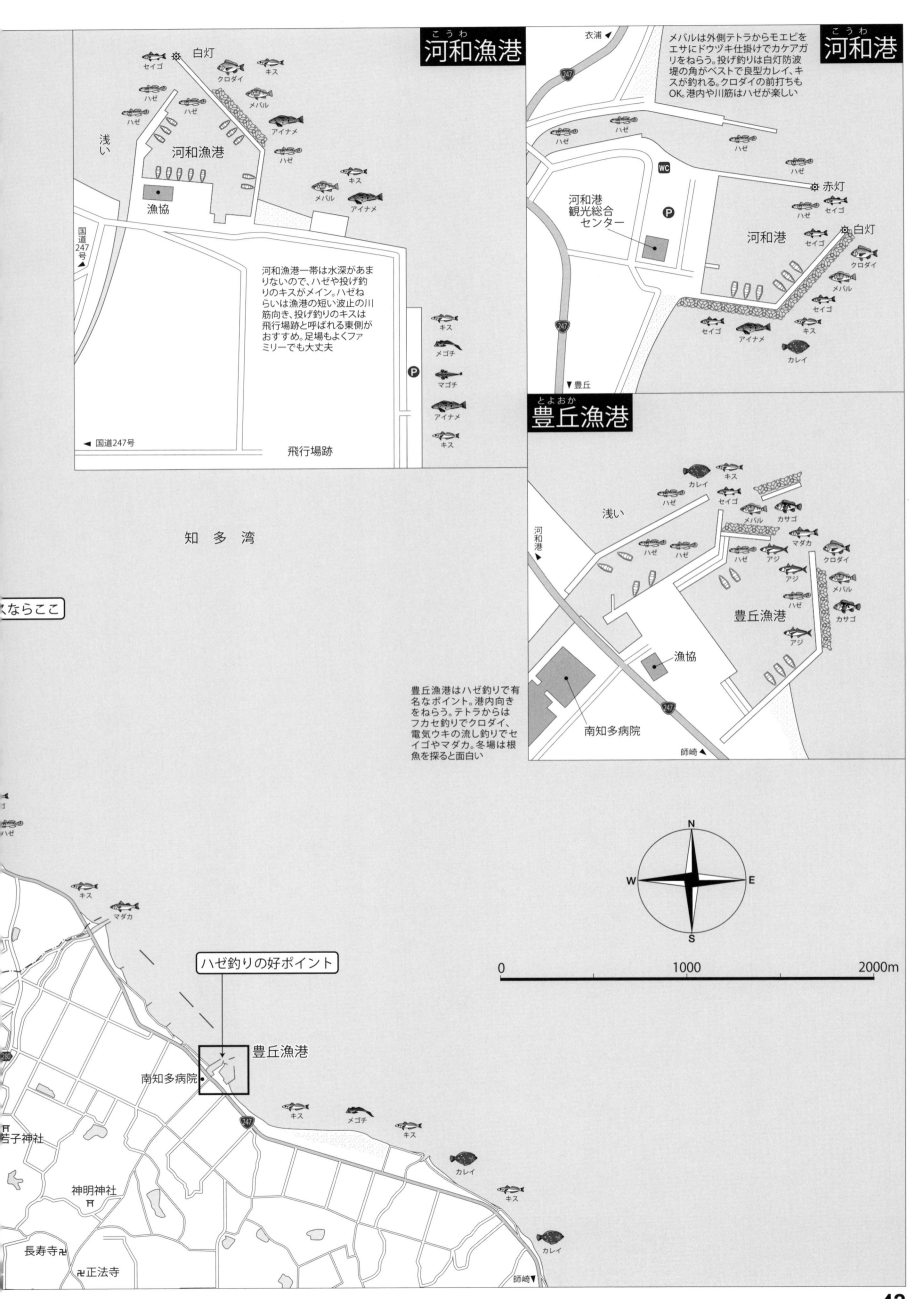

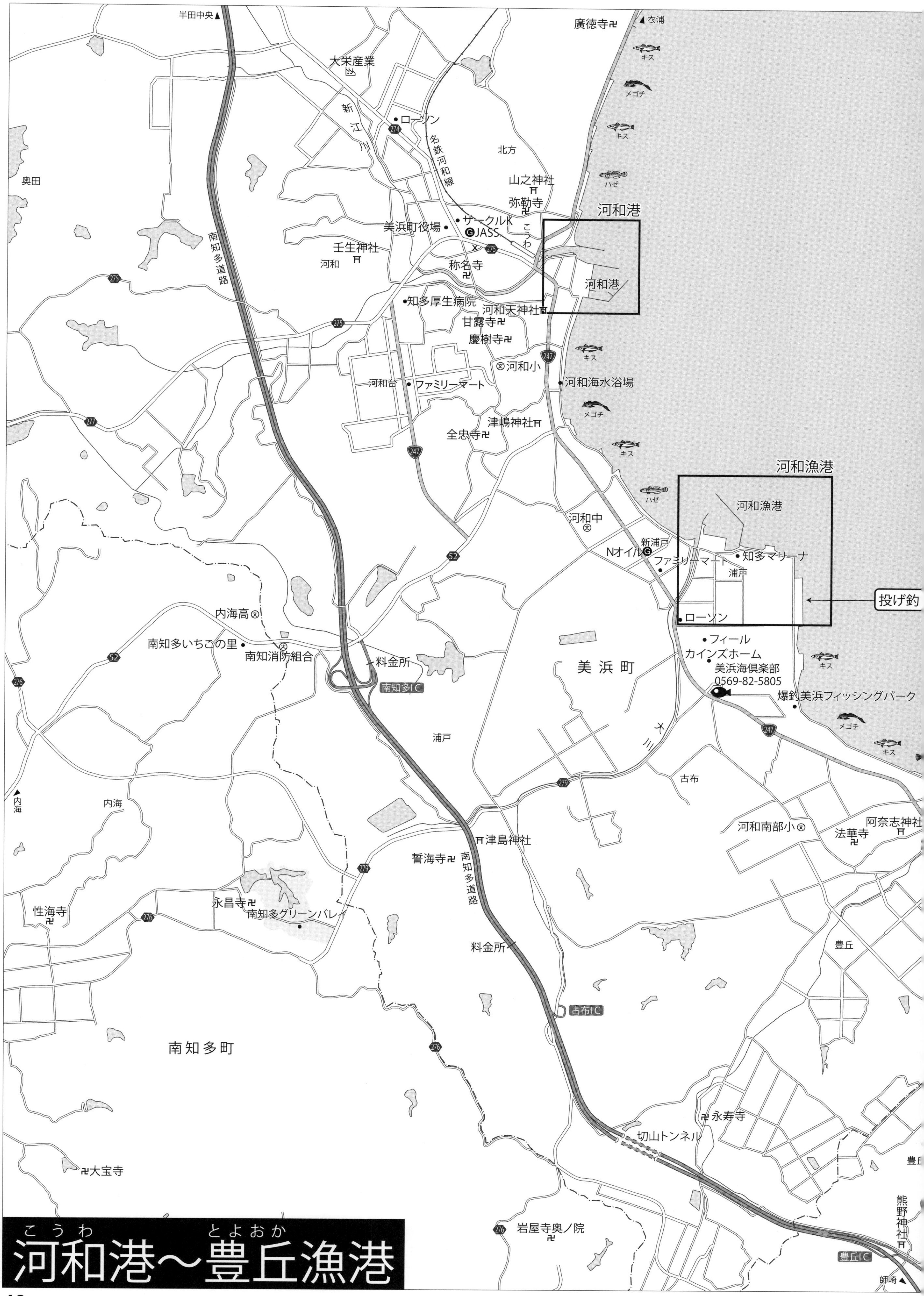
半田中央
衣浦
廣徳寺
キス
メゴチ
キス
ハゼ
大栄産業
ローソン
新江川
名鉄河和線
北方
奥田
山之神社
弥勒寺
河和港
美浜町役場
サークルK
JASS
こうわ
南知多道路
壬生神社
河和
称名寺
河和港
知多厚生病院
河和天神社
甘露寺
慶樹寺
キス
河和小
河和台
ファミリーマート
河和海水浴場
メゴチ
津嶋神社
全忠寺
キス
河和漁港
ハゼ
河和漁港
河和中
新浦戸
Nオイル
ファミリーマート
知多マリーナ
浦戸
投げ釣
内海高
ローソン
南知多いちごの里
南知消防組合
フィール
カインズホーム
料金所
南知多IC
美浜町
美浜海倶楽部
0569-82-5805
キス
爆釣美浜フィッシングパーク
メゴチ
浦戸
大川
キス
古布
内海
内海
河和南部小
阿奈志神社
法華寺
津島神社
誓海寺
南知多道路
性海寺
永昌寺
南知多グリーンバレイ
料金所
豊丘
古布IC
南知多町
永寿寺
切山トンネル
大宝寺
岩屋寺奥ノ院
熊野神社
豊丘IC
師崎

河和《こうわ》港〜豊丘《とよおか》漁港

大井《おおい》漁港

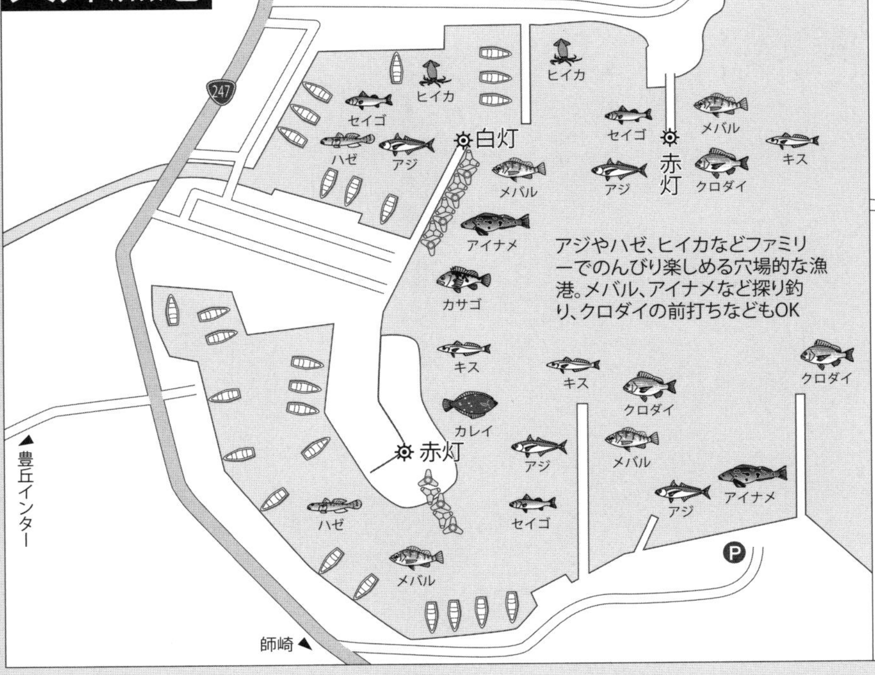

アジやハゼ、ヒイカなどファミリーでのんびり楽しめる穴場的な漁港。メバル、アイナメなど探り釣り、クロダイの前打ちなどもOK

片名《かたな》港

港外側のテトラ帯が人気の釣り場で、冬場は季節風のカゲになり釣りやすい。前打ちや電気ウキ釣りのクロダイ、探り釣りでアイナメ、メバル、カサゴ、エギングのアオリイカなど。港内ではサビキのアジのほか、ハゼやアナゴねらいもいける

日間賀島へは河和港、師崎港、伊良湖港から名鉄海上観光船のフェリー、高速船を利用する。島の周囲の沖堤へは片名港、師崎港などから海上タクシーで渡る

名鉄海上観光船
師崎営業所
0569-63-0009

渡 海上タクシーいそなぎ
0569-68-2521

渡 海上タクシーえいしょう
090-3482-2710

渡 海上タクシースバル
0569-68-2625

日間賀島

日間賀島は師崎港から2.4km、高速船で10分もかからない小さい島。島の周囲は5.5kmで徒歩で簡単に一周できる。釣りは各港のほとんどの堤防や沖堤でOK。釣りものはメバル、カサゴなど根魚からアオリイカ、メジナ、クロダイまで。初心者もベテランも充分エンジョイできる。島へは師崎港や河和港、伊良湖港などから定期船を利用。沖堤へは海上タクシーが便利。料金や乗り場は予約時に確認すること

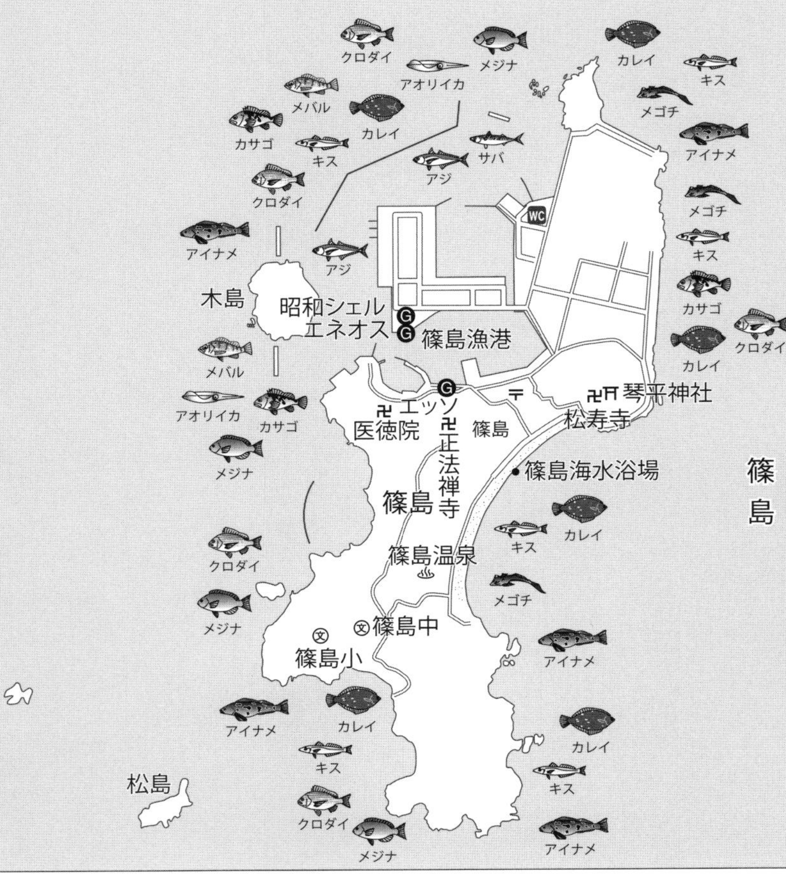

篠島へは河和港、師崎港、伊良湖港から名鉄海上観光船のフェリー、高速船を利用する。島の周囲の沖堤へは片名港、師崎港などから海上タクシーで渡る

名鉄海上観光船
師崎営業所
0569-63-0009

渡 篠島観光海上タクシー康洋
0569-67-2853

渡 海上タクシーまつしま
0569-67-2387

篠島

師崎港から4km、三河湾の入口に浮かぶ篠島は周囲の大小十数の島々とあわせて「東海の松島」と呼ばれる美しい景観を持つ。島の周辺は沖釣りポイントとして非常に有名だが、島の堤防や沖堤などでもさまざまな魚が釣れる。冬場は投げ釣りで30cmオーバーのカレイ、クロダイはウキフカセで通年。カケアガリが岸から遠いので8～9mの長ザオを用い、ドウヅキ仕掛けでメバルをねらう独特の釣りもある。島へは師崎港や河和港、伊良湖港などから定期船を利用。沖堤へは海上タクシーが便利。料金や乗り場は予約時に確認すること

師崎《もろざき》周辺

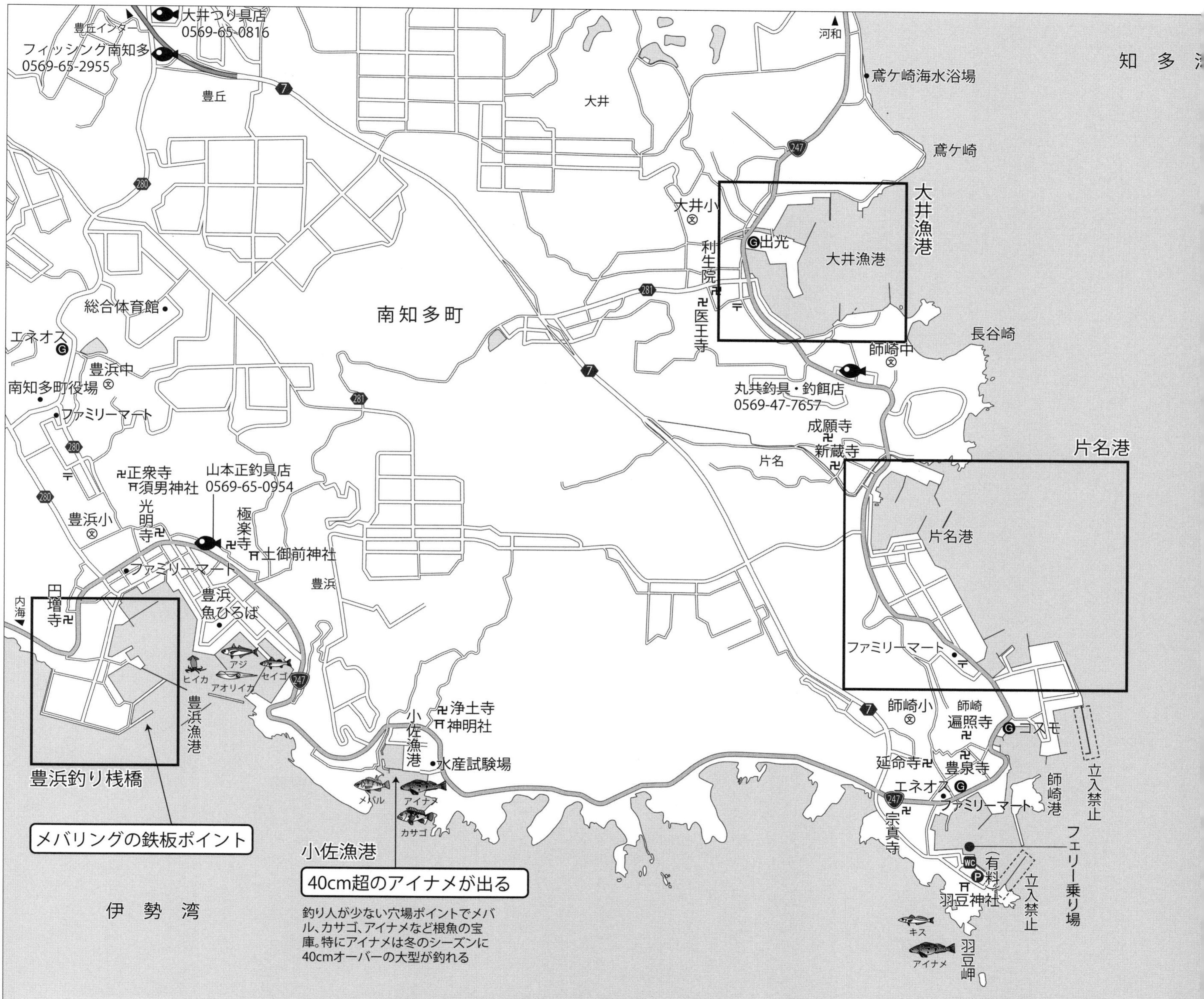
大井つり具店
0569-65-0816
豊丘インター
フィッシング南知多
0569-65-2955
豊丘
7
大井
河和
知 多 湾
鳶ケ崎海水浴場
247
鳶ケ崎
280
大井漁港
大井小
出光
大井漁港
利生院
281
医王寺
南知多町
総合体育館
エネオス
豊浜中
南知多町役場
長谷崎
師崎中
丸共釣具・釣餌店
0569-47-7657
281
ファミリーマート
成願寺
新蔵寺
片名
片名港
280
正衆寺
須男神社
山本正釣具店
0569-65-0954
片名港
豊浜小
光明寺
極楽寺
土御前神社
ファミリーマート
豊浜
円増寺
内海
豊浜魚ひろば
ファミリーマート
アジ
ヒイカ
セイゴ
アオリイカ
247
7
師崎小
師崎
豊浜漁港
浄土寺
神明社
小佐漁港
遍照寺
コスモ
水産試験場
延命寺
豊泉寺
立入禁止
豊浜釣り桟橋
エネオス
247
ファミリーマート
師崎港
メバル
アイナメ
カサゴ
宗真寺
メバリングの鉄板ポイント
フェリー乗り場
小佐漁港
(有料)
40cm超のアイナメが出る
羽豆神社
立入禁止
伊 勢 湾
釣り人が少ない穴場ポイントでメバル、カサゴ、アイナメなど根魚の宝庫。特にアイナメは冬のシーズンに40cmオーバーの大型が釣れる
キス
アイナメ
羽豆岬

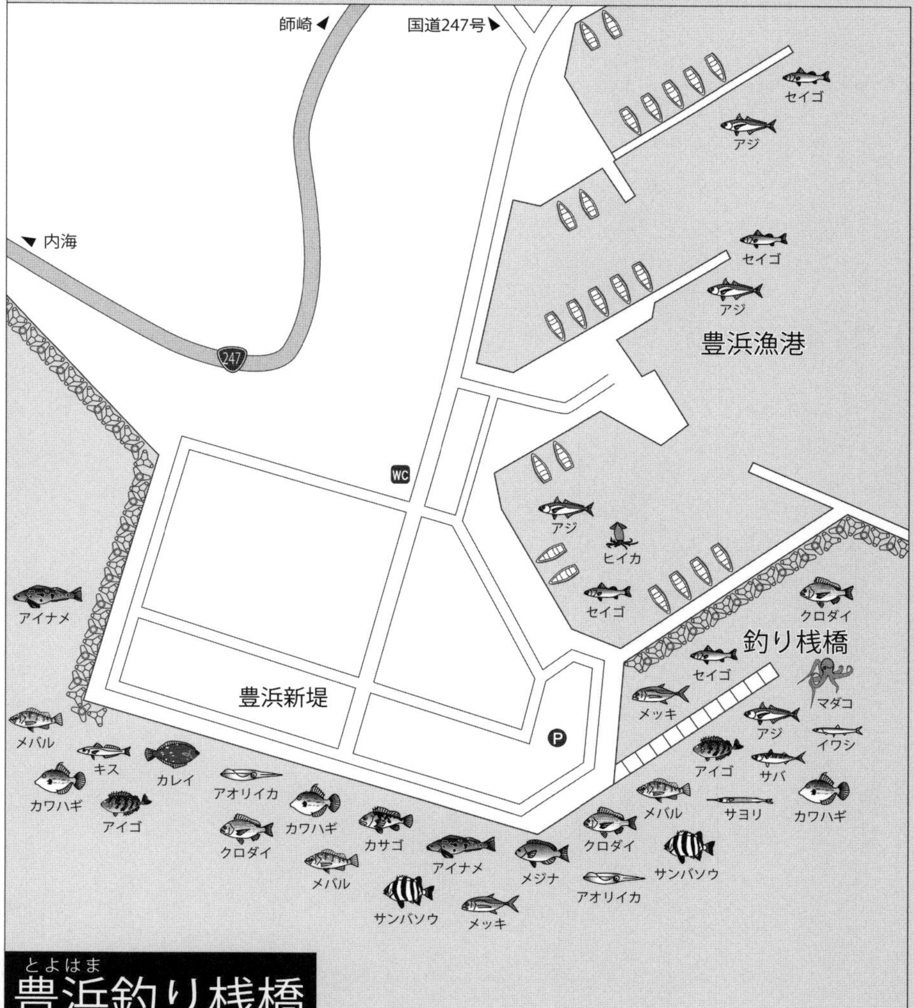
師崎
国道247号
セイゴ
アジ
内海
セイゴ
アジ
豊浜漁港
247
WC
アジ
ヒイカ
セイゴ
クロダイ
アイナメ
釣り桟橋
セイゴ
マダコ
豊浜新堤
メッキ
アジ
イワシ
メバル
キス
カレイ
アイゴ
サバ
カワハギ
アイゴ
アオリイカ
カワハギ
メバル
サヨリ
カワハギ
クロダイ
カサゴ
クロダイ
サンバソウ
メバル
アイナメ
メジナ
サンバソウ
アオリイカ
メッキ

豊浜《とよはま》釣り桟橋

駐車場、トイレがある無料の釣り施設と豊浜新堤と呼ばれる埋立護岸が釣り場で、年中何かが確実に釣れるため非常に人気が高く、家族連れのビギナーからベテランまで、幅広く釣り人が訪れる。サビキのアジやイワシ、探り釣りのメバル、アイナメ、カサゴ、落とし込みや前打ちでのクロダイ、ウキフカセでメジナ、アイゴ、エギングのアオリイカ、投げ釣りのキス、カレイなどなど、ターゲットを挙げればきりがないほど。近年は特にメバリングの鉄板ポイントとしての評価が高い。ダンゴ釣りは禁止

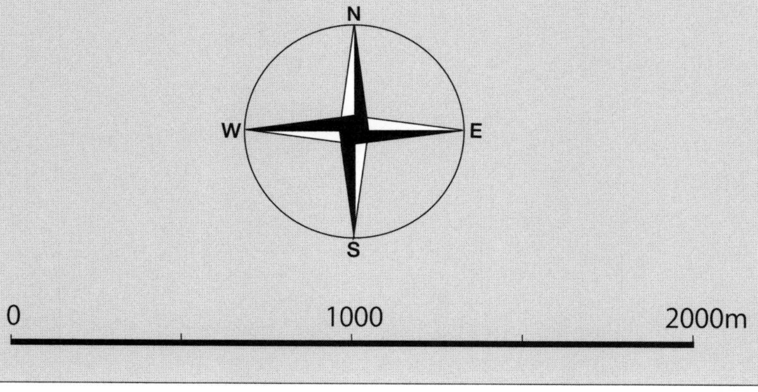
N
S
E
W
0
1000
2000m

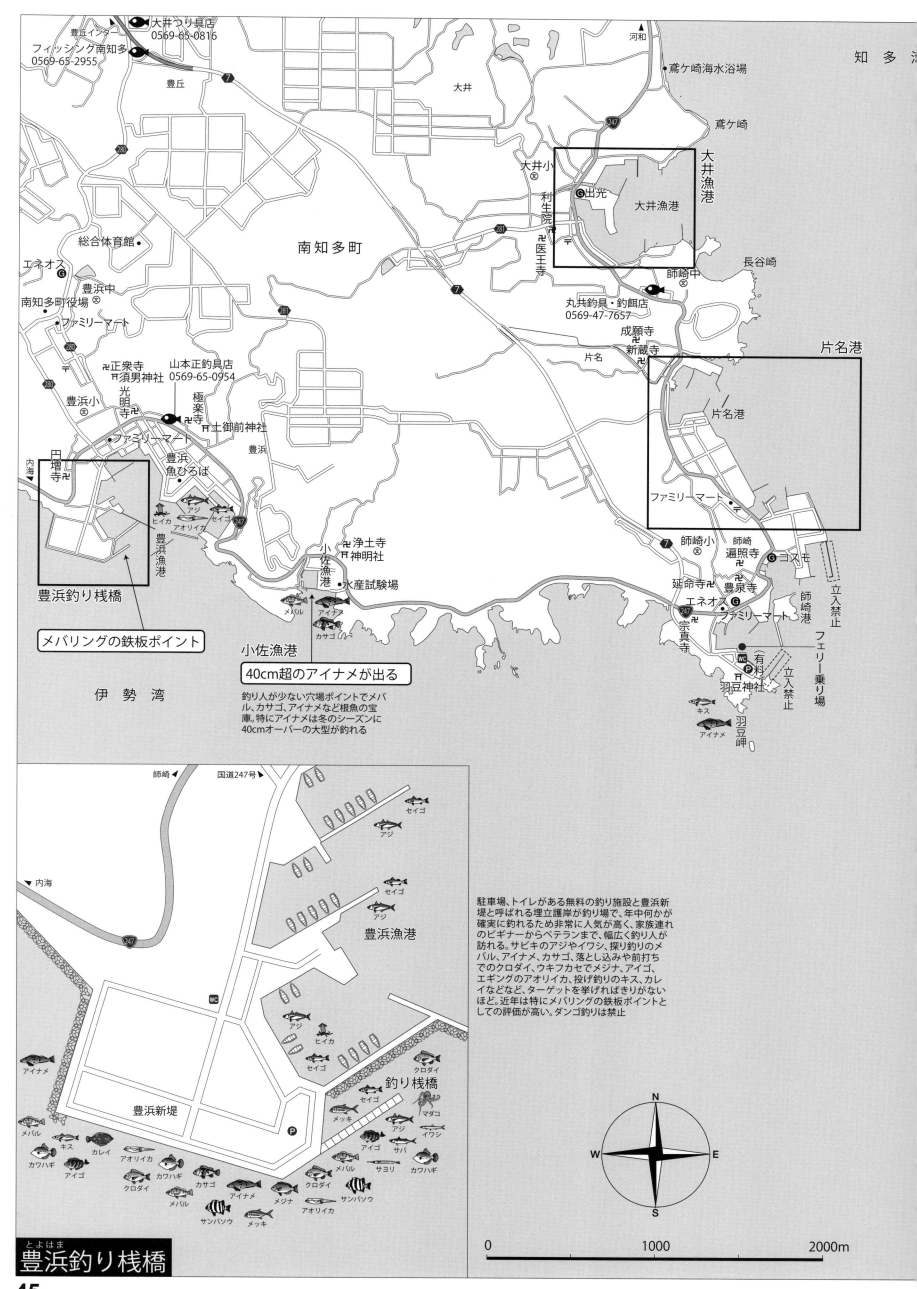

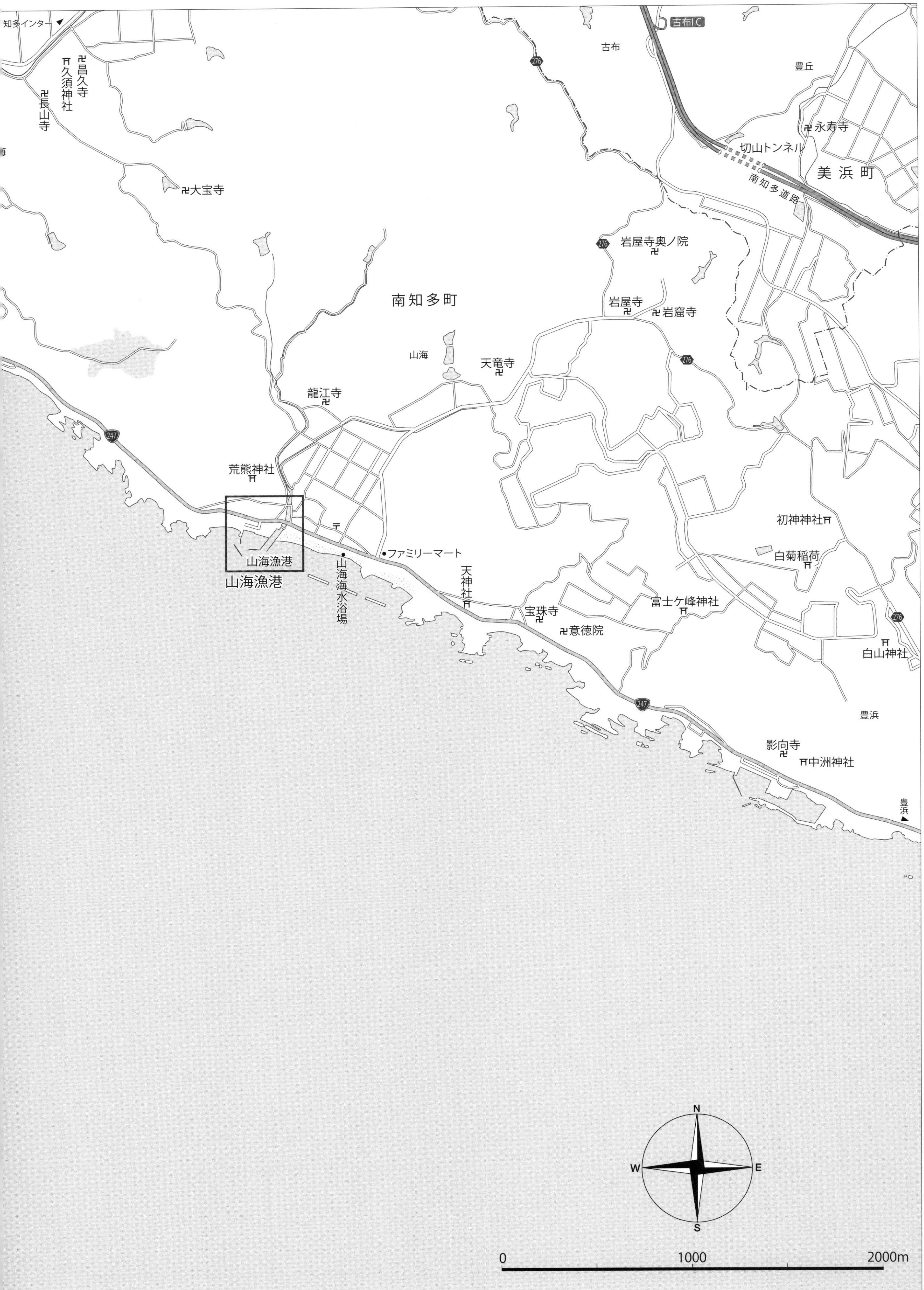

知多インター
昌久寺
久須神社
長山寺
大宝寺
古布I.C
古布
276
豊丘
永寿寺
切山トンネル
美浜町
南知多道路
岩屋寺奥ノ院
南知多町
岩屋寺
岩窟寺
山海
天竜寺
龍江寺
247
荒熊神社
山海漁港
山海漁港
山海海水浴場
ファミリーマート
天神社
宝珠寺
意徳院
富士ケ峰神社
初神神社
白菊稲荷
白山神社
豊浜
影向寺
中洲神社
豊浜
N
W
E
S
0
1000
2000m

山海《やまみ》漁港〜内海《うつみ》新港

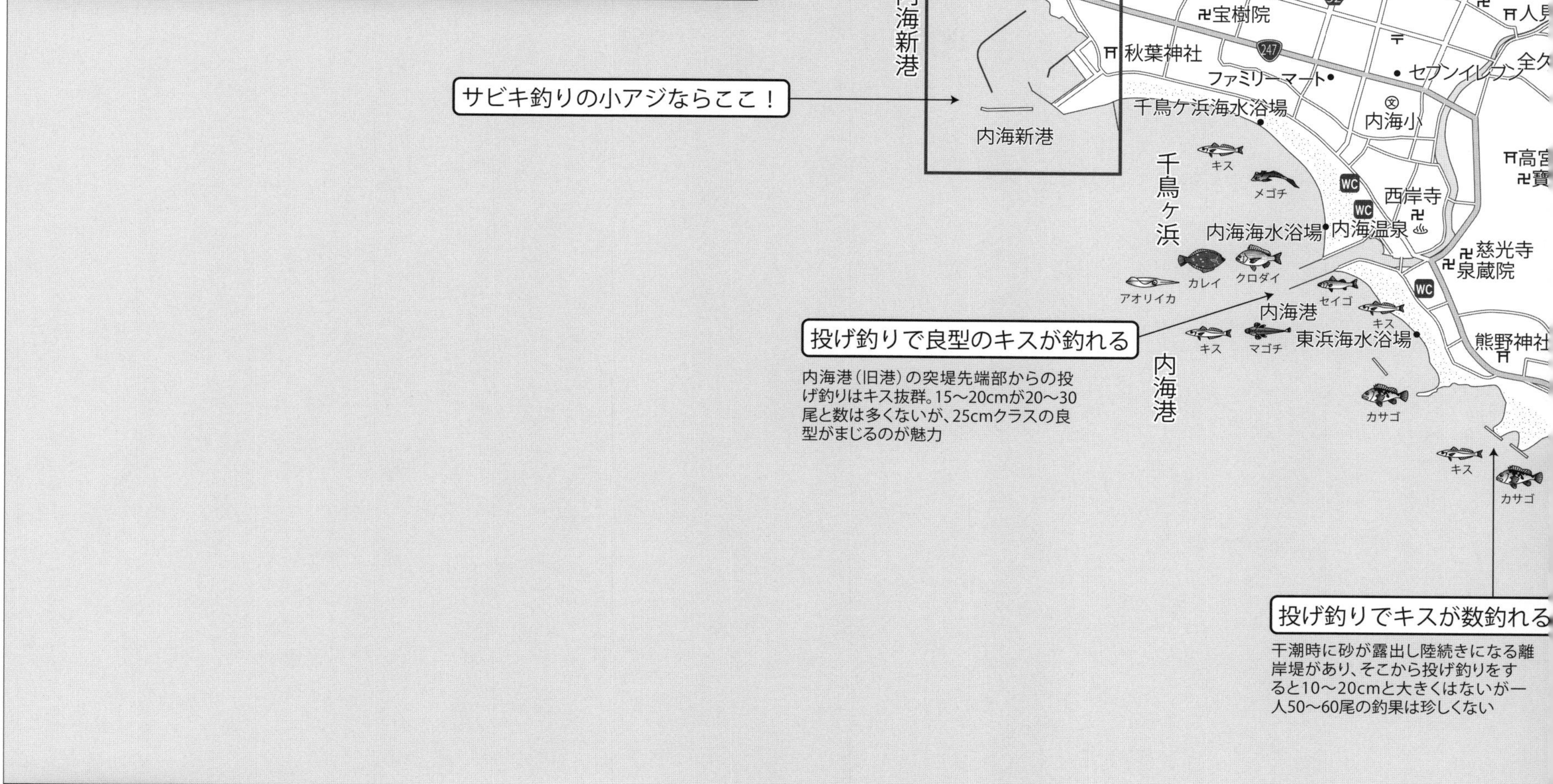

冨具崎港
JASS
唯信寺
人見
宝樹院
52
247
秋葉神社
全久
ファミリーマート
セブンイレブン
千鳥ケ浜海水浴場
内海小
高宮
寶
内海新港
サビキ釣りの小アジならここ！
千鳥ケ浜
キス
メゴチ
西岸寺
内海海水浴場
内海温泉
慈光寺
泉蔵院
カレイ
クロダイ
アオリイカ
セイゴ
キス
内海港
キス
マゴチ
東浜海水浴場
熊野神社
投げ釣りで良型のキスが釣れる
内海港（旧港）の突堤先端部からの投げ釣りはキス抜群。15〜20cmが20〜30尾と数は多くないが、25cmクラスの良型がまじるのが魅力
カサゴ
キス
カサゴ
投げ釣りでキスが数釣れる
干潮時に砂が露出し陸続きになる離岸堤があり、そこから投げ釣りをすると10〜20cmと大きくはないが一人50〜60尾の釣果は珍しくない
伊勢湾

内海《うつみ》新港

冨具崎港
山海漁港
247
一方通行
※内海西の信号から入る
カサゴ
メバル
アオリイカ
メバル
アイナメ
アジ
内海新港
クロダイ
アオリイカ
アジ
メバル
メジナ
アジ
クロダイ
メジナ
アオリイカ
カサゴ
アイナメ
アジ
アオリイカ
カサゴ

サビキ釣りで小アジをねらうなら絶対におすすめのポイント。駐車場、トイレもあり小アジが回遊する初夏から秋のシーズンは家族連れでにぎわう。エギングのアオリイカも面白く春の親イカの時期と秋の小型の数釣りもOK。落とし込みや前打ち、ウキフカセ、電気ウキでクロダイをねらうファンも多い。砂浜はキスのポイントだが海水浴シーズンの日中は避けること

山海《やまみ》漁港

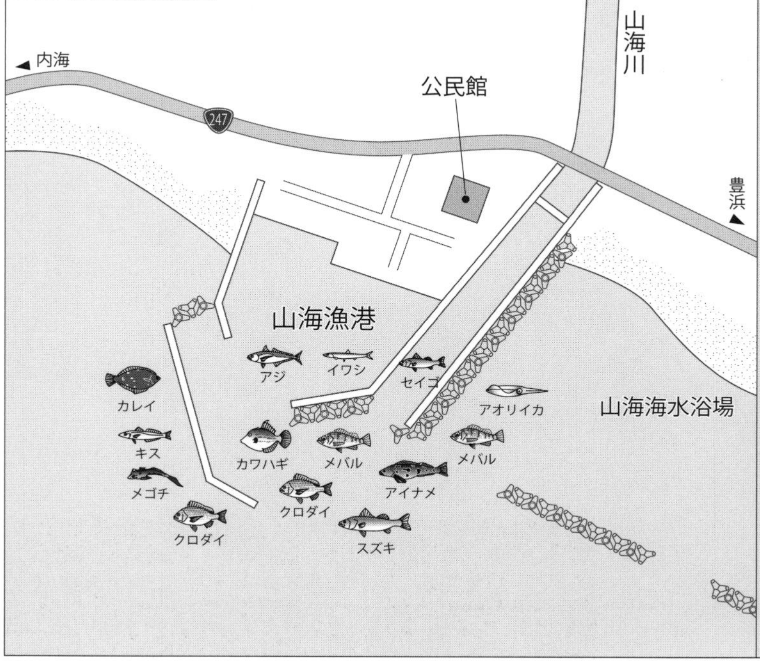

内海
山海川
公民館
247
豊浜
山海漁港
アジ
イワシ
セイゴ
カレイ
アオリイカ
山海海水浴場
キス
カワハギ
メバル
メバル
メゴチ
アイナメ
クロダイ
クロダイ
スズキ

投げ釣りのキス、エギングのアオリイカ、ウキフカセのクロダイ、ルアーのシーバスなどが有望。港内ではサビキでアジやイワシが釣れる。小さな川が流れ込んでいるのでセイゴも多く、ときにはマダカクラスをとおりこしてスズキがヒットすることもある。海水浴シーズンはかなりの人出となるので釣りは注意。公民館や漁協の駐車場は駐車禁止。くれぐれも迷惑駐車はしないように

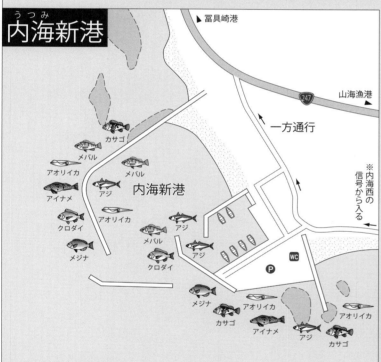

富具崎港周辺《ふぐさき》

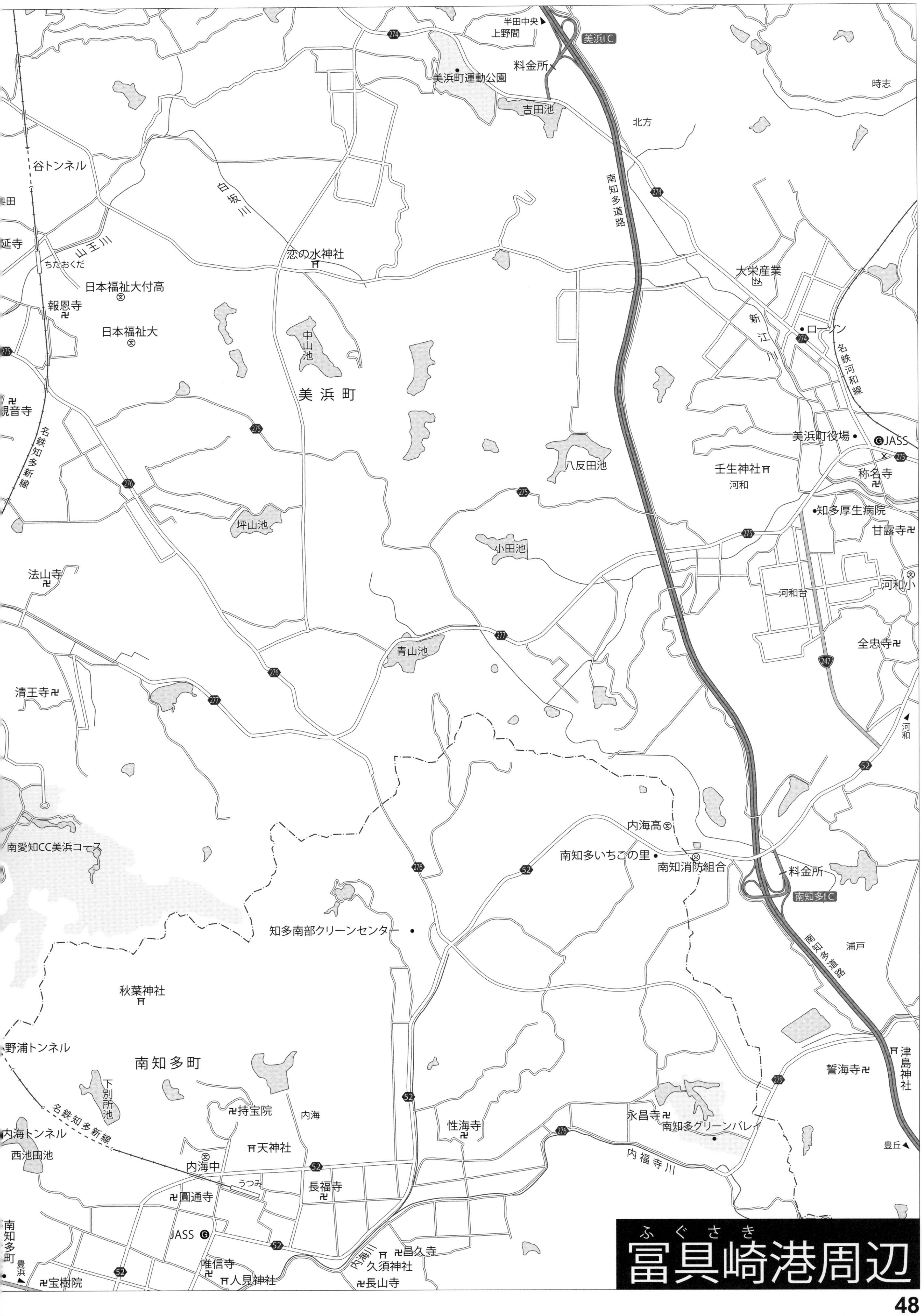
半田中央
上野間
美浜IC
料金所
美浜町運動公園
吉田池
時志
北方
谷トンネル
白坂川
南知多道路
山王川
延寺
ちたおくだ
恋の水神社
大栄産業
日本福祉大付高
報恩寺
日本福祉大
中山池
新江川
ローソン
名鉄河和線
美浜町
観音寺
名鉄知多新線
美浜町役場
JASS
八反田池
壬生神社
称名寺
河和
知多厚生病院
坪山池
甘露寺
小田池
法山寺
河和台
河和小
青山池
全忠寺
清王寺
内海高
南愛知CC美浜コース
南知多いちごの里
南知消防組合
料金所
南知多IC
知多南部クリーンセンター
浦戸
秋葉神社
野浦トンネル
南知多町
津島神社
誓海寺
下別所池
持宝院
内海
性海寺
永昌寺
南知多グリーンバレイ
内海トンネル
天神社
西池田池
内海中
内福寺川
豊丘
うつみ
長福寺
圓通寺
南知多町
JASS
内海川
昌久寺
唯信寺
久須神社
豊浜
宝樹院
人見神社
長山寺

冨具崎《ふぐさき》港

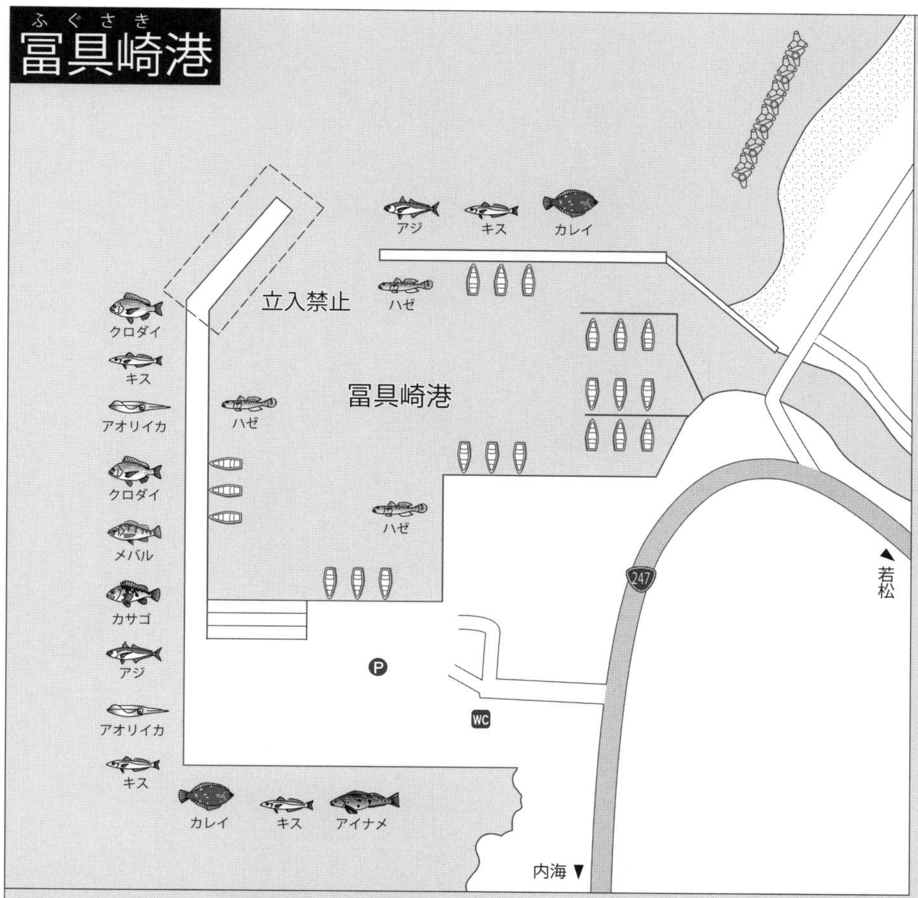

立入禁止
冨具崎港
アジ
キス
カレイ
ハゼ
クロダイ
アオリイカ
メバル
カサゴ
アイナメ
若松
内海
WC
247

駐車スペースが広くトイレもあるためファミリーフィッシングで人気のある釣り場。サビキのアジや港内のチョイ投げのハゼなどがお手軽でおすすめだが、ここはなんといっても春と秋のアオリイカねらい、エギングで定評があるところ。投げ釣りのキスは南角あたりから沖向きがベストで100mラインがポイントの目安。釣れるサイズは10〜20cm。防波堤先端部はフェンスがあり立入禁止

小突堤でカサゴなど根魚がOK
奥田海水浴場北側から小鈴谷までの間に点在する小突堤からは冬場の穴釣りや探り釣りでカサゴ、アイナメなど根魚がねらえる
投げ釣りのキスポイント
通称「若松海水浴場の手前」は投げ釣りのキスポイント。釣れるサイズは10〜20cmで数は平均15尾
春と秋はアオリイカのエギング
伊勢湾
冨具崎港
奥田海水浴場
南知多おもちゃ王国
南知多ビーチランド
セブンイレブン
かんぽの宿 知多美浜
ファミリーマ
若松海水浴場
野間小
トウチュウ
昭和シェル
野間大坊
喬正院
安養院
蜜蔵院
野間海水浴場
正蔵寺
渡辺病院
瑞境寺
野間
神明神社
金刀比羅神社
冨具神社
吉祥寺
幸宮司神社
冨具崎川
野間灯台
小野浦海水浴場
良参寺
多賀神社
小野浦
美浜少年自然の家
中日小野浦キャンプバンガロー
アイナメ
カサゴ
キス
カレイ
メゴチ
マゴチ
277
247
WC
N
S
E
W
0
1000
2000m

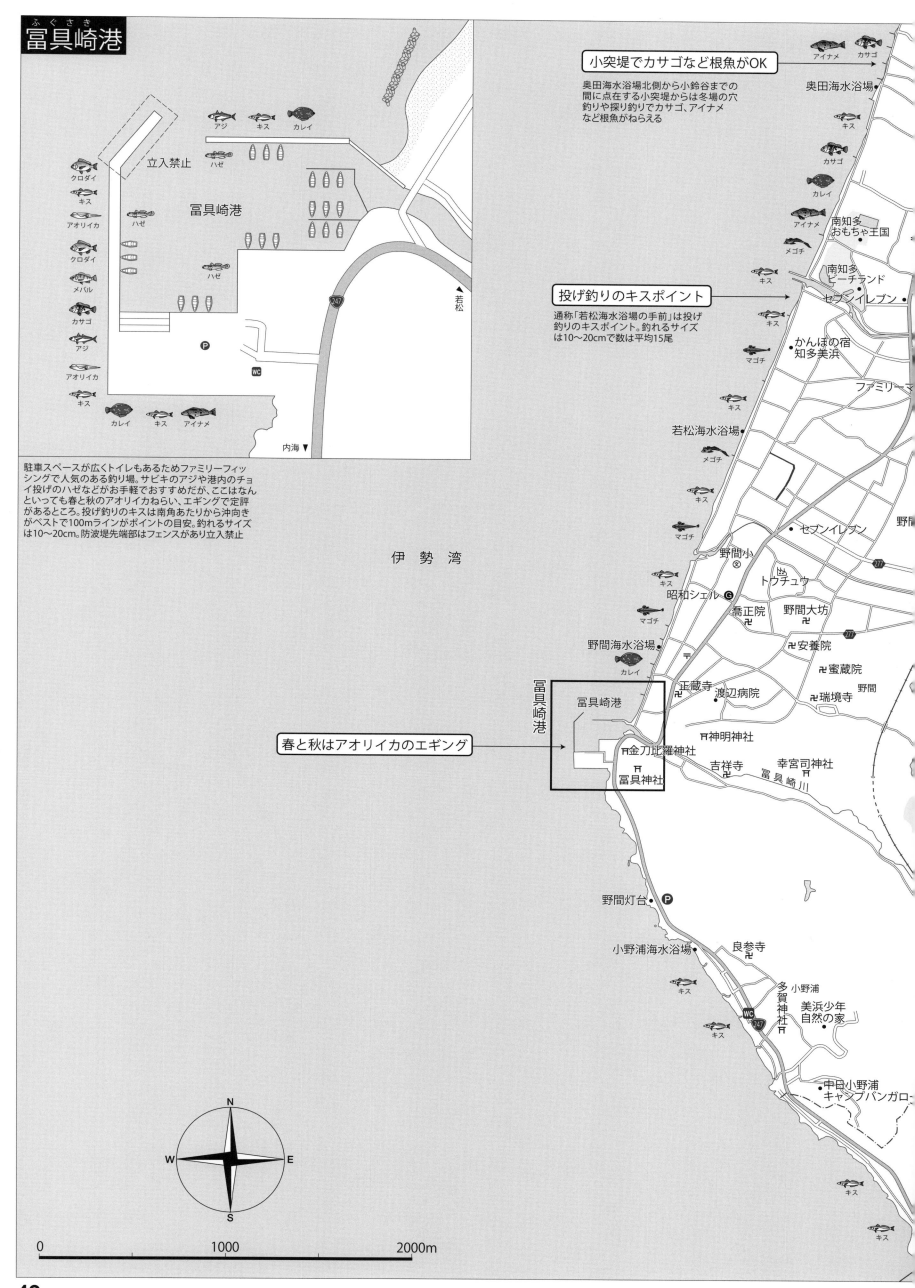

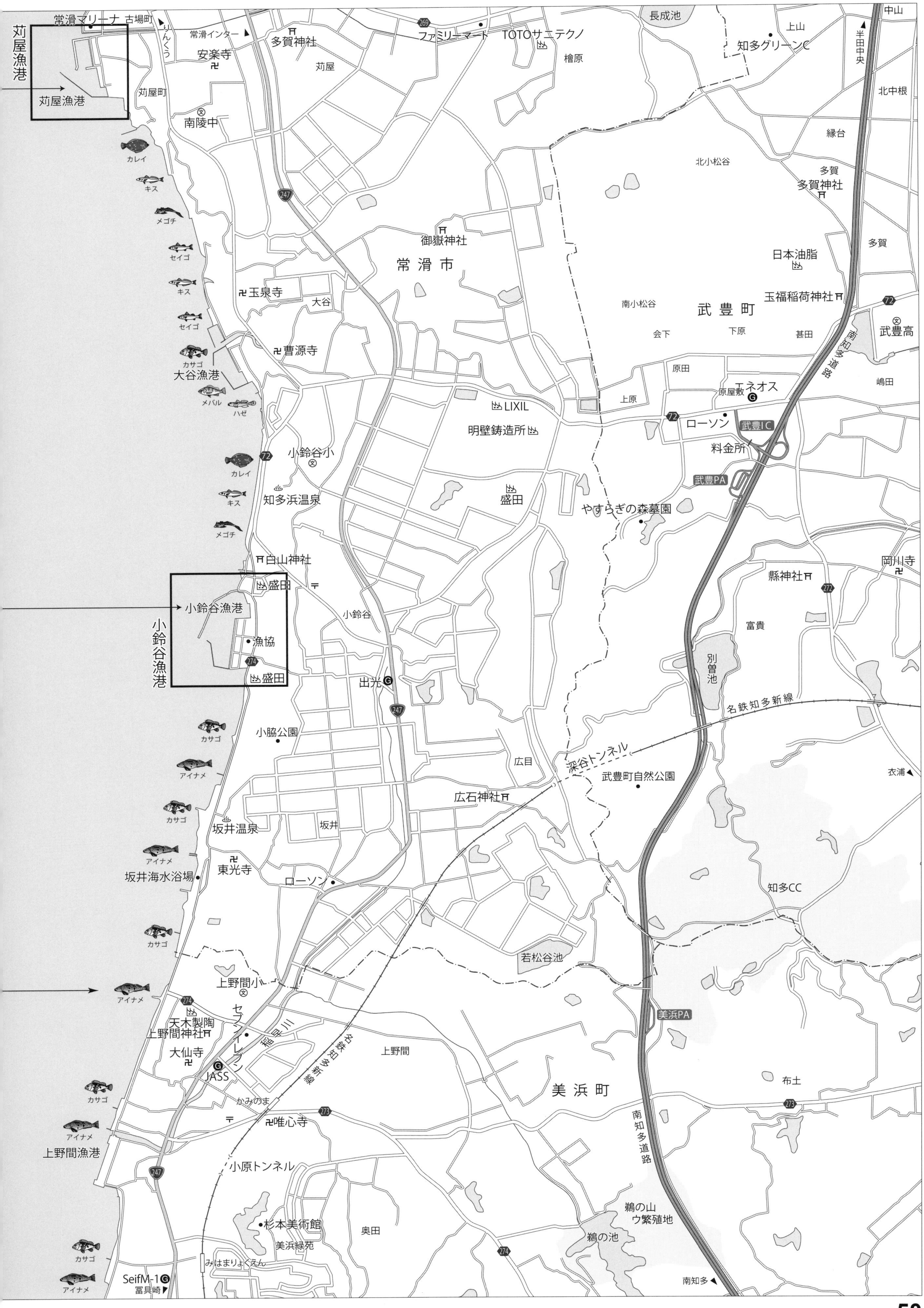

苅屋漁港
常滑マリーナ
古場町
りんくう
常滑インター
多賀神社
安楽寺
苅屋
ファミリーマート
TOTOサニテクノ
檜原
長成池
知多グリーンC
上山
中山
半田中央
苅屋町
苅屋漁港
南陵中
北中根
縁台
北小松谷
多賀
多賀神社
カレイ
キス
メゴチ
セイゴ
キス
セイゴ
カサゴ
大谷漁港
メバル
ハゼ
御嶽神社
常滑市
玉泉寺
大谷
曹源寺
日本油脂
多賀
南小松谷
武豊町
玉福稲荷神社
武豊高
会下
下原
甚田
南知多道路
原田
嶋田
エネオス
原屋敷
上原
LIXIL
ローソン
武豊IC
明壁鋳造所
料金所
小鈴谷小
カレイ
知多浜温泉
キス
武豊PA
盛田
やすらぎの森墓園
メゴチ
白山神社
岡川寺
縣神社
盛田
小鈴谷漁港
小鈴谷
富貴
漁協
小鈴谷漁港
別曽池
盛田
出光
名鉄知多新線
小脇公園
カサゴ
深谷トンネル
広目
衣浦
武豊町自然公園
アイナメ
広石神社
カサゴ
坂井温泉
坂井
アイナメ
東光寺
坂井海水浴場
ローソン
知多CC
カサゴ
若松谷池
上野間小
アイナメ
天木製陶
上野間神社
セブンイレブン
美浜PA
上野間
大仙寺
名鉄知多新線
JASS
布土
美浜町
かみのま
唯心寺
カサゴ
アイナメ
上野間漁港
南知多道路
小原トンネル
鵜の山
ウ繁殖地
杉本美術館
奥田
美浜緑苑
鵜の池
カサゴ
みはまりょくえん
SeifM-1
冨具崎
アイナメ
南知多

上野間《かみのま》〜苅屋《かりや》漁港

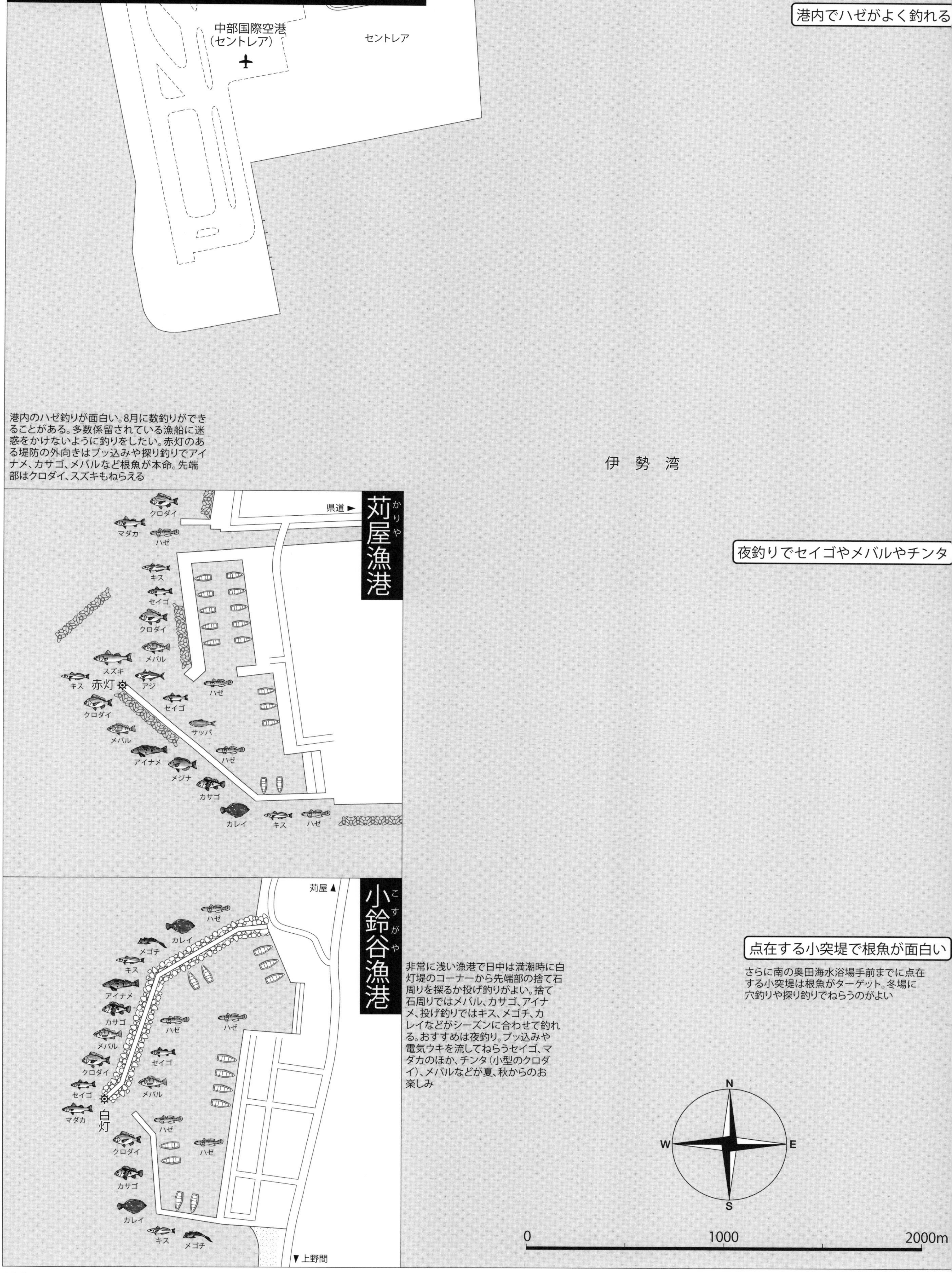
中部国際空港
（セントレア）
セントレア
伊勢湾
苅屋《かりや》漁港
県道
クロダイ
マダカ
ハゼ
キス
セイゴ
クロダイ
メバル
スズキ
キス
赤灯
アジ
ハゼ
セイゴ
クロダイ
サッパ
メバル
ハゼ
アイナメ
メジナ
カサゴ
カレイ
キス
ハゼ
小鈴谷《こすがや》漁港
苅屋
ハゼ
カレイ
メゴチ
キス
アイナメ
カサゴ
ハゼ
ハゼ
メバル
セイゴ
クロダイ
メバル
セイゴ
マダカ
白灯
ハゼ
クロダイ
ハゼ
カサゴ
カレイ
キス
メゴチ
上野間
N
W
E
S
0
1000
2000m

港内でハゼがよく釣れる

港内のハゼ釣りが面白い。8月に数釣りができることがある。多数係留されている漁船に迷惑をかけないように釣りをしたい。赤灯のある堤防の外向きはブッ込みや探り釣りでアイナメ、カサゴ、メバルなど根魚が本命。先端部はクロダイ、スズキもねらえる

夜釣りでセイゴやメバルやチンタ

非常に浅い漁港で日中は満潮時に白灯堤のコーナーから先端部の捨て石周りを探るか投げ釣りがよい。捨て石周りではメバル、カサゴ、アイナメ、投げ釣りではキス、メゴチ、カレイなどがシーズンに合わせて釣れる。おすすめは夜釣り。ブッ込みや電気ウキを流してねらうセイゴ、マダカのほか、チンタ（小型のクロダイ）、メバルなどが夏、秋からのお楽しみ

点在する小突堤で根魚が面白い

さらに南の奥田海水浴場手前までに点在する小突堤は根魚がターゲット。冬場に穴釣りや探り釣りでねらうのがよい

りんくう常滑《とこなめ》周辺

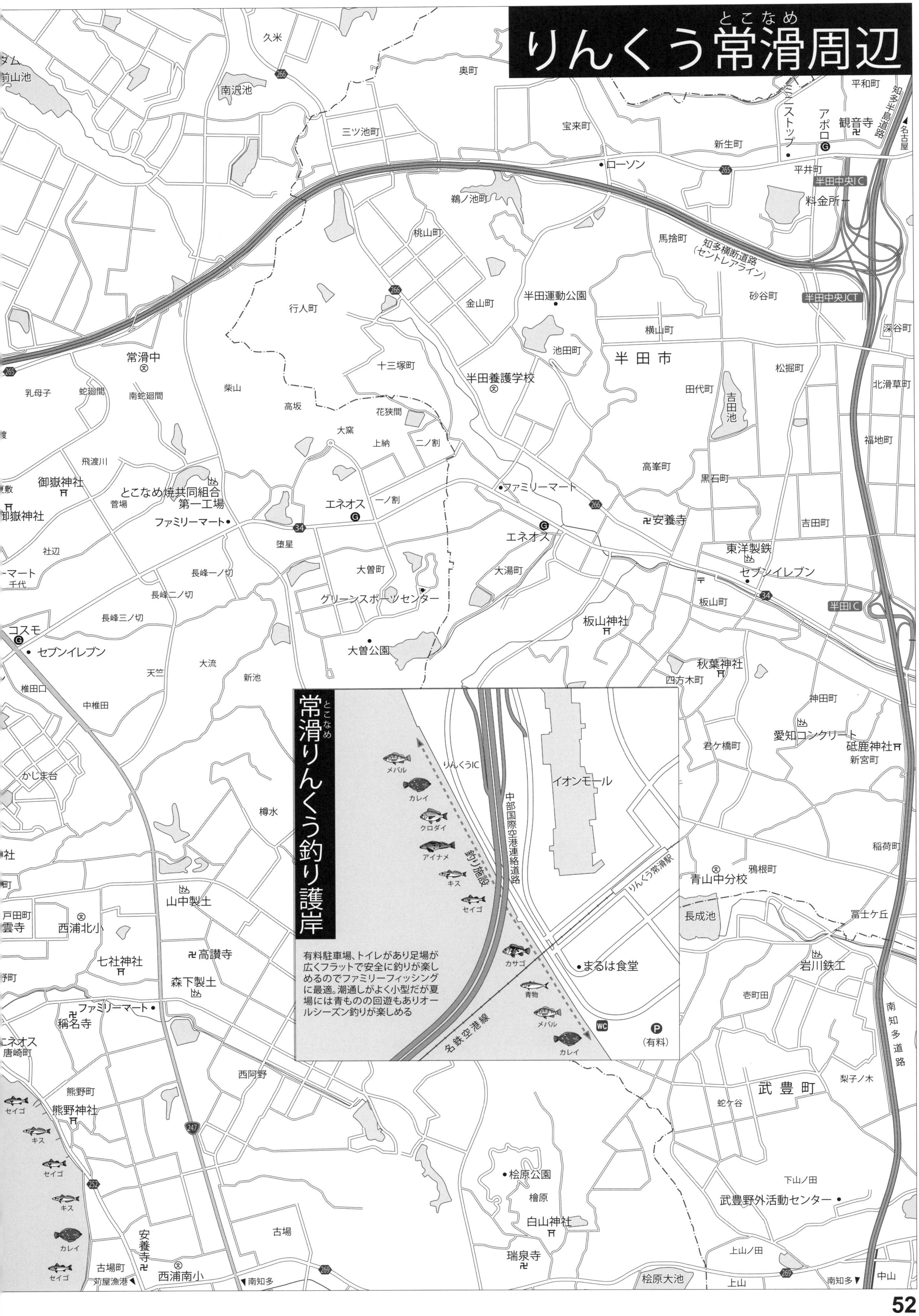

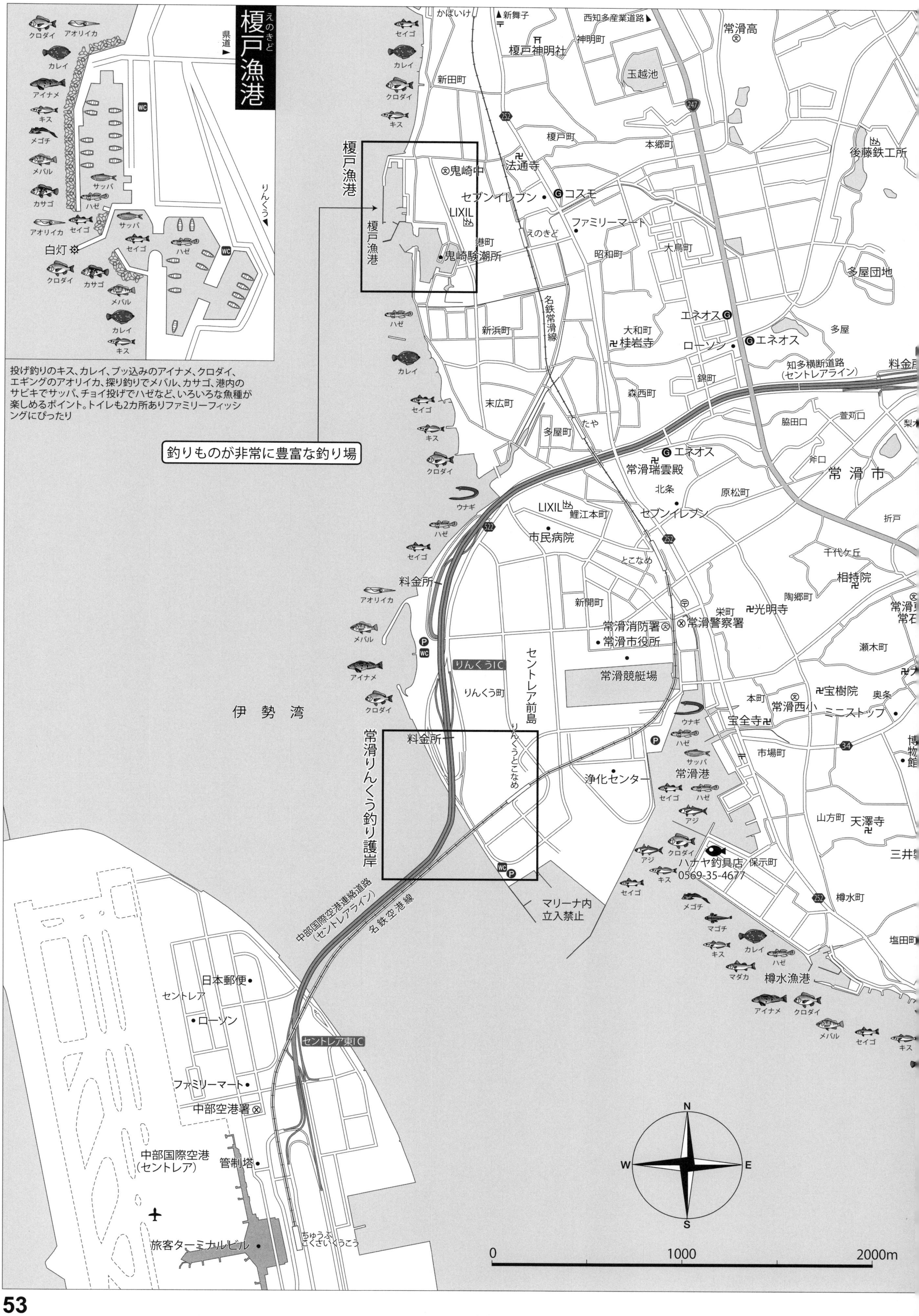
榎戸《えのきど》漁港
県道
りんくう
白灯
クロダイ
アオリイカ
カレイ
アイナメ
キス
メゴチ
メバル
サッパ
カサゴ
ハゼ
セイゴ
投げ釣りのキス、カレイ、ブッ込みのアイナメ、クロダイ、エギングのアオリイカ、探り釣りでメバル、カサゴ、港内のサビキでサッパ、チョイ投げでハゼなど、いろいろな魚種が楽しめるポイント。トイレも2カ所ありファミリーフィッシングにぴったり
釣りものが非常に豊富な釣り場
榎戸漁港
鬼崎中
鬼崎験潮所
港町
LIXIL
セブンイレブン
コスモ
法通寺
榎戸町
榎戸神明社
神明町
かばいけ
新舞子
西知多産業道路
新田町
玉越池
常滑高
本郷町
後藤鉄工所
えのきど
ファミリーマート
昭和町
大鳥町
多屋団地
名鉄常滑線
新浜町
大和町
桂岩寺
エネオス
ローソン
多屋
知多横断道路
(セントレアライン)
料金所
錦町
森西町
末広町
多屋町
たや
脇田口
萱苅口
常滑瑞雲殿
斧口
常滑市
北条
原松町
鯉江本町
市民病院
千代ケ丘
折戸
相持院
陶郷町
とこなめ
新開町
栄町
光明寺
常滑消防署
常滑警察署
常滑市役所
瀬木町
りんくうIC
セントレア前島
常滑競艇場
りんくう町
本町
常滑西小
宝樹院
奥条
ミニストップ
宝全寺
市場町
伊勢湾
常滑りんくう釣り護岸
料金所
りんくうとこなめ
浄化センター
常滑港
ウナギ
アジ
マゴチ
マダカ
山方町
天澤寺
ハナヤ釣具店
0569-35-4677
保示町
マリーナ内
立入禁止
樽水町
塩田町
樽水漁港
中部国際空港連絡道路
(セントレアライン)
名鉄空港線
日本郵便
セントレア
ローソン
セントレア東IC
ファミリーマート
中部空港署
中部国際空港
(セントレア)
管制塔
旅客ターミナルビル
ちゅうぶこくさいくうこう
N
W
E
S
0
1000
2000m

東海
朝倉
にしの台
梅が丘
光興産
西知多産業道路
南浜町
知多中
UnyOil
ミニストップ
アポロ
ファミリーマート
岡田美里町
日長東田
日長川
種徳寺
岡田小
岡田
岡田稲荷神社
オカトク
稲荷神社
秋葉神社
大龍寺
ル・エヌ・ジー
ヒセンター
秋葉神社
日長神社
ひなが
福田寺
旭北小
種廻間池
知多スポーツクラブ
TOPS
南谷
日長
鍛冶屋川
知多市
瑞光寺
吹込
岡田変電所
セブンイレブン
日長台
上り戸
福寿院
旭
新舞子東町
ファミリーマート
出光
フィッシングいとう
0569-43-6211
出光
桂林禅寺
新広見
新長根
山屋敷
栗本鉄工所
六峯砥鹿神社
東大僧
ファミリーマート
新刀池
金沢
旭公園
旭東小
中原
知多墓園
旭南小
普明禅院
鹽竈神社
旭南中
大興寺
大僧
阿久比インター
JASS
セブンイレブン
八社神社
随應禅寺
大興寺
旭南
金沢
神田
地蔵寺
貴船神社
大智院
南粕谷本町
ファミリーマート
南粕谷東坂
北池公園
ス工業
南粕谷新海
南粕谷小
ファミリーマート
倉天神社
倉町
矢田川
南粕谷
ミニストップ
信谷院
矢田
蓮生寺
SelfM-1
晩台町
大塚町
矢田八幡神社
前山川
矢田川
タケヤゴルフ
練習所
石瀬変電所
熊野神社
盛泉寺
清閑寺
大城山公園
全昌院
ファミリーマート
エネオス
西仲根運動公園
三和小
リーマート
青海町
青海中
八幡宮
光泉寺
西之口
ローソン
金山
常滑市
久米
前山川
ファミリーマート
神明町
南知多
常滑公園

新舞子《しんまいこ》マリンパーク周辺

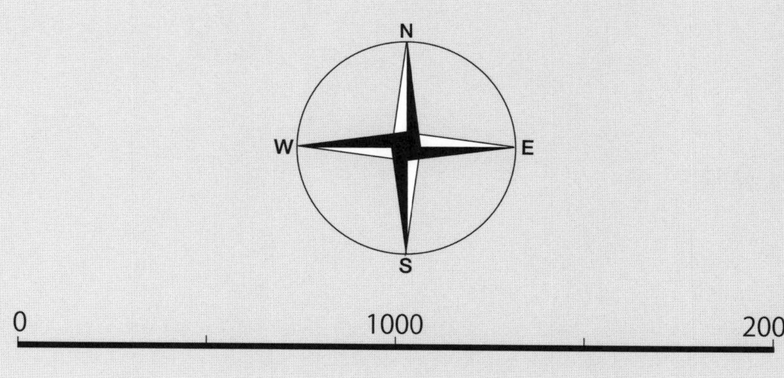

N
E
S
W
0
1000
2000m

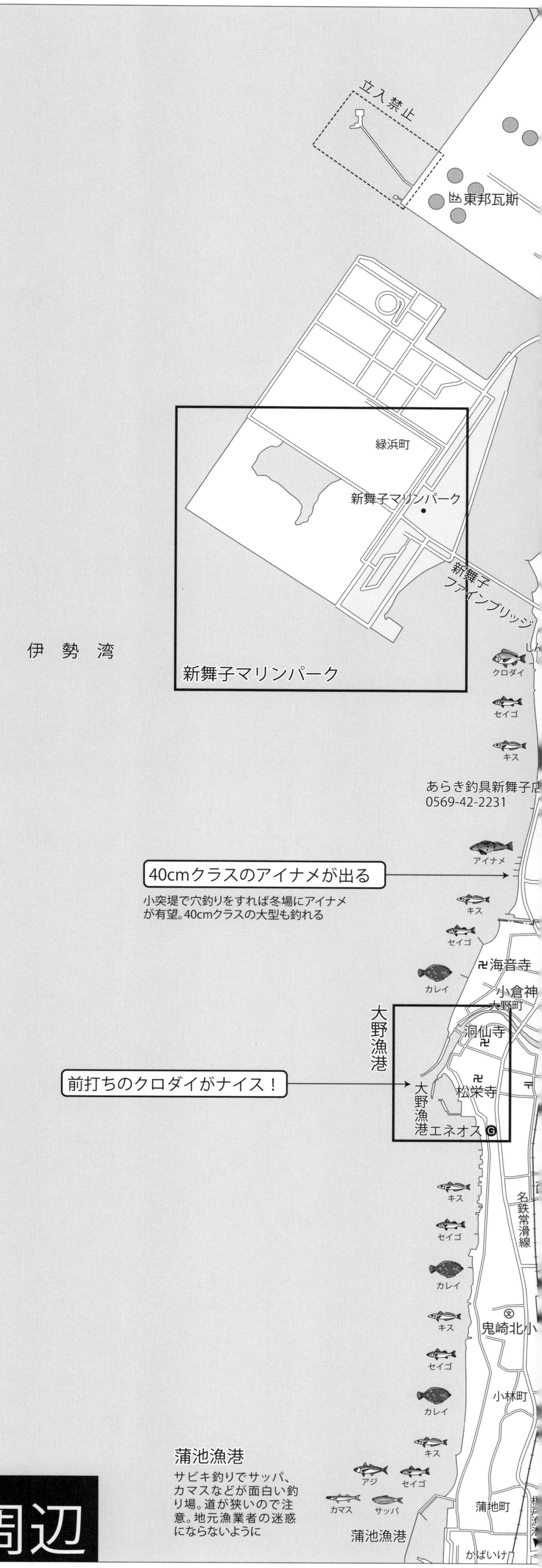

立入禁止
東邦瓦斯
緑浜町
新舞子マリンパーク
新舞子ファインブリッジ
新舞子マリンパーク
伊　勢　湾
クロダイ
セイゴ
キス
あらき釣具新舞子店
0569-42-2231
アイナメ
40cmクラスのアイナメが出る
キス
セイゴ
海音寺
カレイ
小倉神
大野町
大野漁港
洞仙寺
前打ちのクロダイがナイス！
大野漁港
松栄寺
エネオス
キス
名鉄常滑線
セイゴ
カレイ
キス
鬼崎北小
セイゴ
小林町
カレイ
キス
アジ
セイゴ
カマス
サッパ
蒲地町
蒲池漁港
かばいけ

小突堤で穴釣りをすれば冬場にアイナメが有望。40cmクラスの大型も釣れる

新舞子《しんまいこ》マリンパーク魚釣り施設

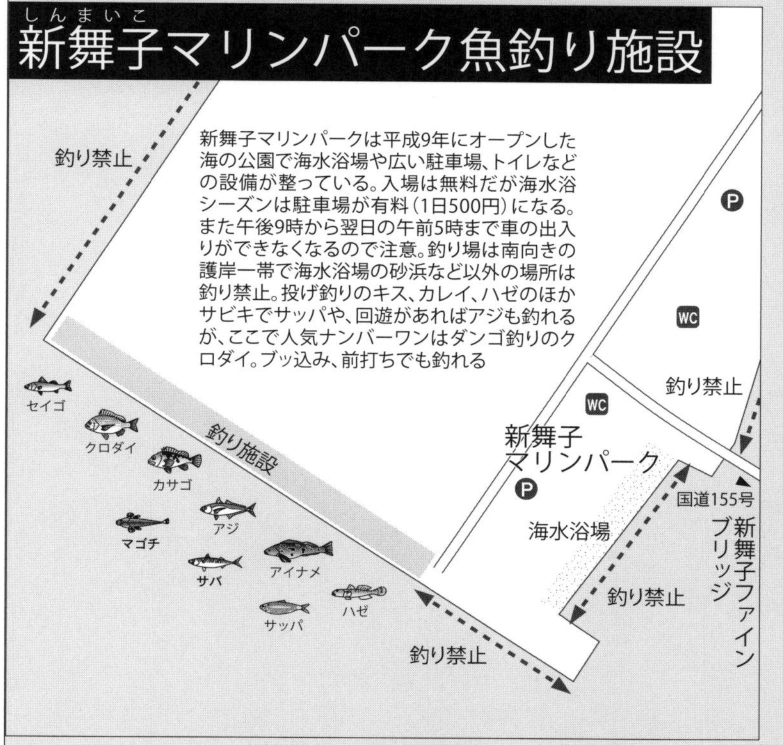

釣り禁止
釣り施設
セイゴ
クロダイ
カサゴ
マゴチ
アジ
サバ
アイナメ
サッパ
ハゼ
釣り禁止
新舞子
マリンパーク
海水浴場
釣り禁止
釣り禁止
国道155号
新舞子ファインブリッジ

新舞子マリンパークは平成9年にオープンした海の公園で海水浴場や広い駐車場、トイレなどの設備が整っている。入場は無料だが海水浴シーズンは駐車場が有料（1日500円）になる。また午後9時から翌日の午前5時まで車の出入りができなくなるので注意。釣り場は南向きの護岸一帯で海水浴場の砂浜など以外の場所は釣り禁止。投げ釣りのキス、カレイ、ハゼのほかサビキでサッパや、回遊があればアジも釣れるが、ここで人気ナンバーワンはダンゴ釣りのクロダイ。ブッ込み、前打ちでも釣れる

大野《おおの》漁港

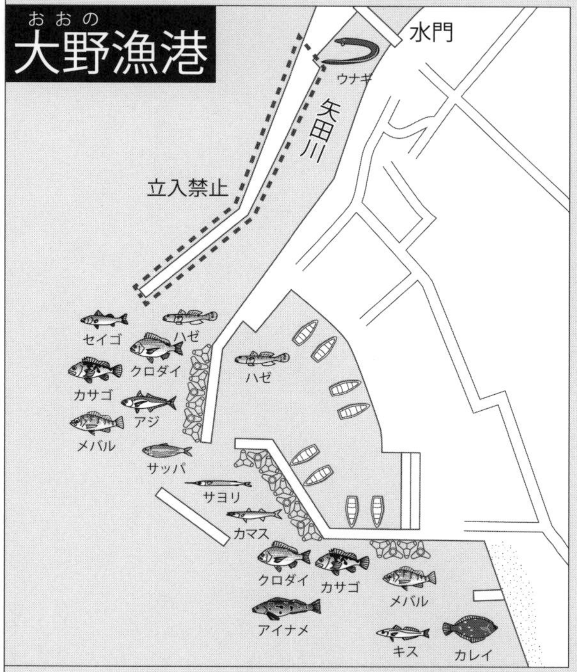

水門
ウナギ
矢田川
立入禁止
セイゴ
ハゼ
クロダイ
カサゴ
アジ
メバル
ハゼ
サッパ
サヨリ
カマス
クロダイ
カサゴ
メバル
アイナメ
キス
カレイ

7〜8月に堤防テトラ部分で前打ちのクロダイが面白い。9月に入るとチンタクラスが多くなる。また飛ばしサビキではサヨリやカマス、アジ、サッパがねらえる。夏の夜釣りは電気ウキを流してセイゴやクロダイ、矢田川河口部はハゼのポイントで水門あたりではウナギの実績もある

蒲池漁港

サビキ釣りでサッパ、カマスなどが面白い釣り場。道が狭いので注意。地元漁業者の迷惑にならないように

●改正SOLAS条約により、立ち入り禁止となっている埠頭などがあります（詳細はP64）。

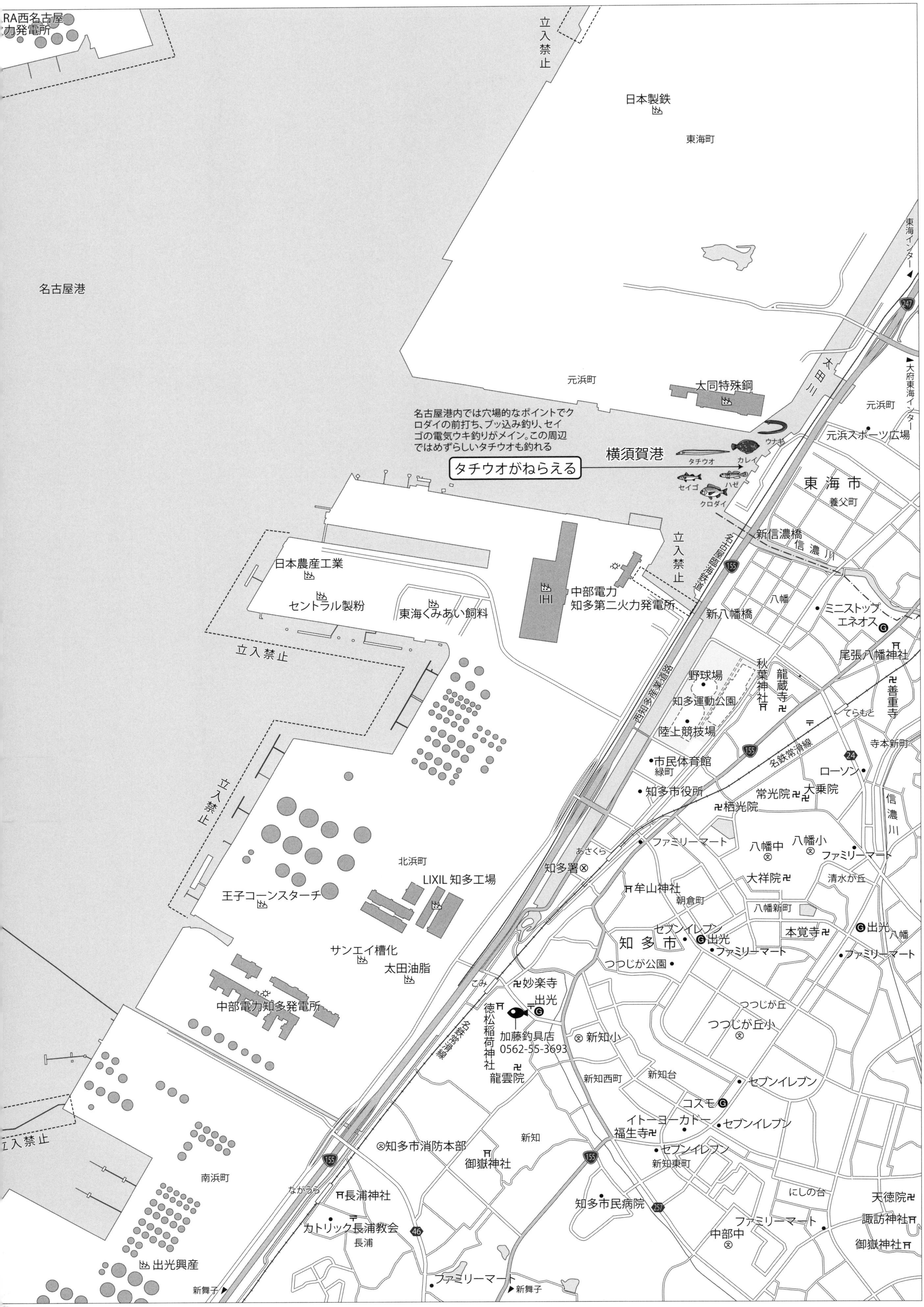

RA西名古屋
力発電所
立入禁止
日本製鉄
東海町
名古屋港
元浜町
大同特殊鋼
名古屋港内では穴場的なポイントでクロダイの前打ち、ブッ込み釣り、セイゴの電気ウキ釣りがメイン。この周辺ではめずらしいタチウオも釣れる
横須賀港
タチウオがねらえる
タチウオ
カレイ
ウナギ
セイゴ
ハゼ
クロダイ
太田川
東海インター
大府東海インター
元浜町
元浜スポーツ広場
東海市
養父町
新信濃橋
信濃川
名古屋臨海鉄道
日本農産工業
セントラル製粉
東海くみあい飼料
IHI
中部電力
知多第二火力発電所
新八幡橋
八幡
ミニストップ
エネオス
尾張八幡神社
立入禁止
野球場
知多運動公園
陸上競技場
秋葉神社
龍蔵寺
善重寺
てらもと
寺本新町
西知多産業道路
名鉄常滑線
市民体育館
緑町
ローソン
知多市役所
常光院
大乗院
栖光院
信濃川
立入禁止
ファミリーマート
八幡中
八幡小
ファミリーマート
あさくら
北浜町
LIXIL 知多工場
知多署
牟山神社
大祥院
清水が丘
朝倉町
王子コーンスターチ
八幡新町
セブンイレブン
出光
本覚寺
出光
八幡
知多市
ファミリーマート
ファミリーマート
サンエイ糟化
つつじが公園
太田油脂
こみ
妙楽寺
出光
中部電力知多発電所
徳松稲荷神社
加藤釣具店
0562-55-3693
新知小
名鉄常滑線
つつじが丘
つつじが丘小
龍雲院
新知西町
新知台
セブンイレブン
コスモ
イトーヨーカドー
セブンイレブン
福生寺
立入禁止
知多市消防本部
新知
御嶽神社
セブンイレブン
新知東町
南浜町
ながうら
長浦神社
にしの台
天徳院
知多市民病院
諏訪神社
カトリック長浦教会
ファミリーマート
長浦
中部中
御嶽神社
出光興産
ファミリーマート
新舞子
新舞子

名《な》古《ご》屋《や》港南部

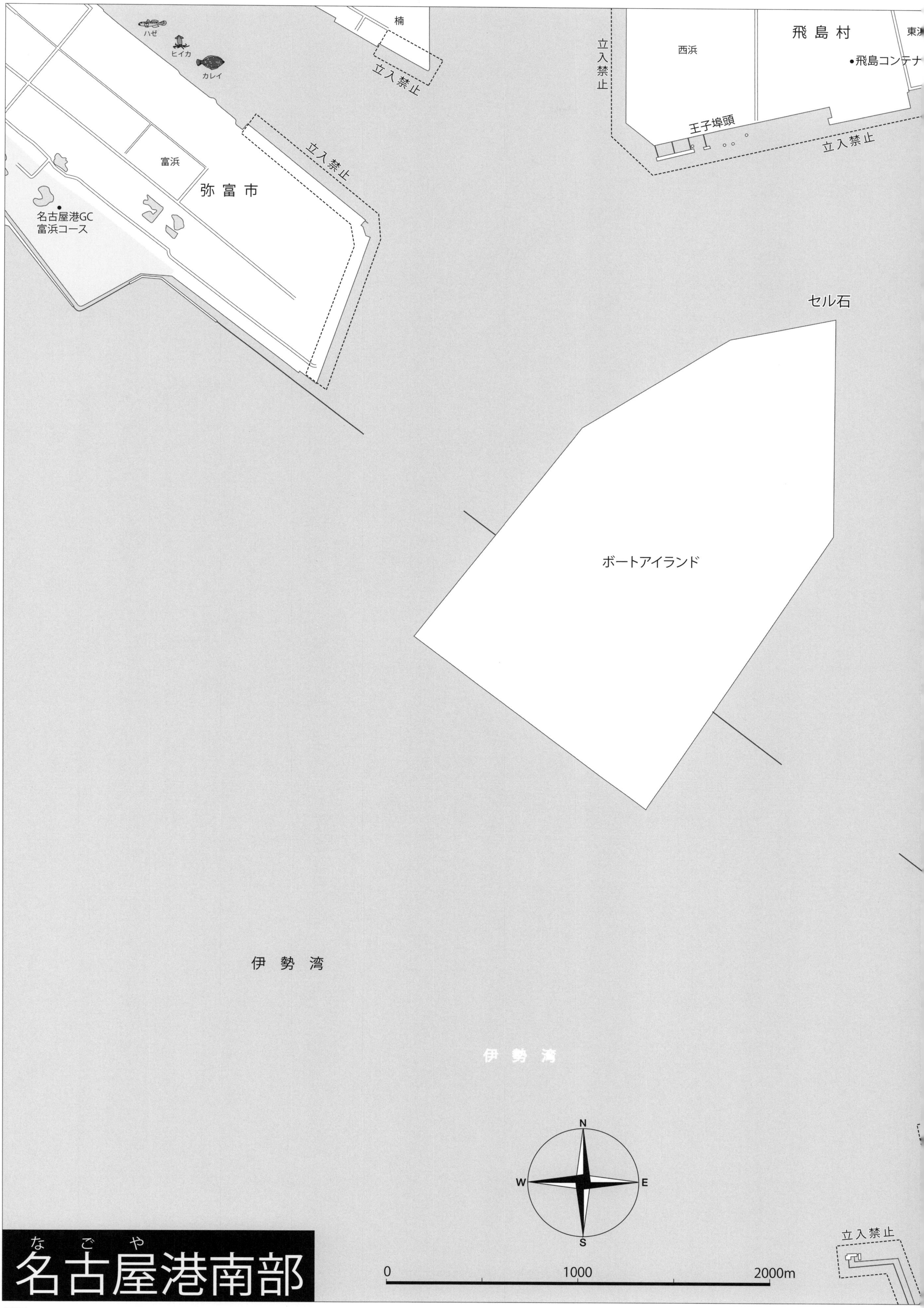

ハゼ
ヒイカ
カレイ
楠
立入禁止
飛島村
西浜
立入禁止
王子埠頭
立入禁止
立入禁止
富浜
弥富市
名古屋港GC
富浜コース
セル石
ボートアイランド
伊勢湾
伊勢湾
N
W
E
S
立入禁止
0
1000
2000m

●改正SOLAS条約により、立ち入り禁止となっている埠頭などがあります（詳細はP64）。

名古屋《なごや》港北部

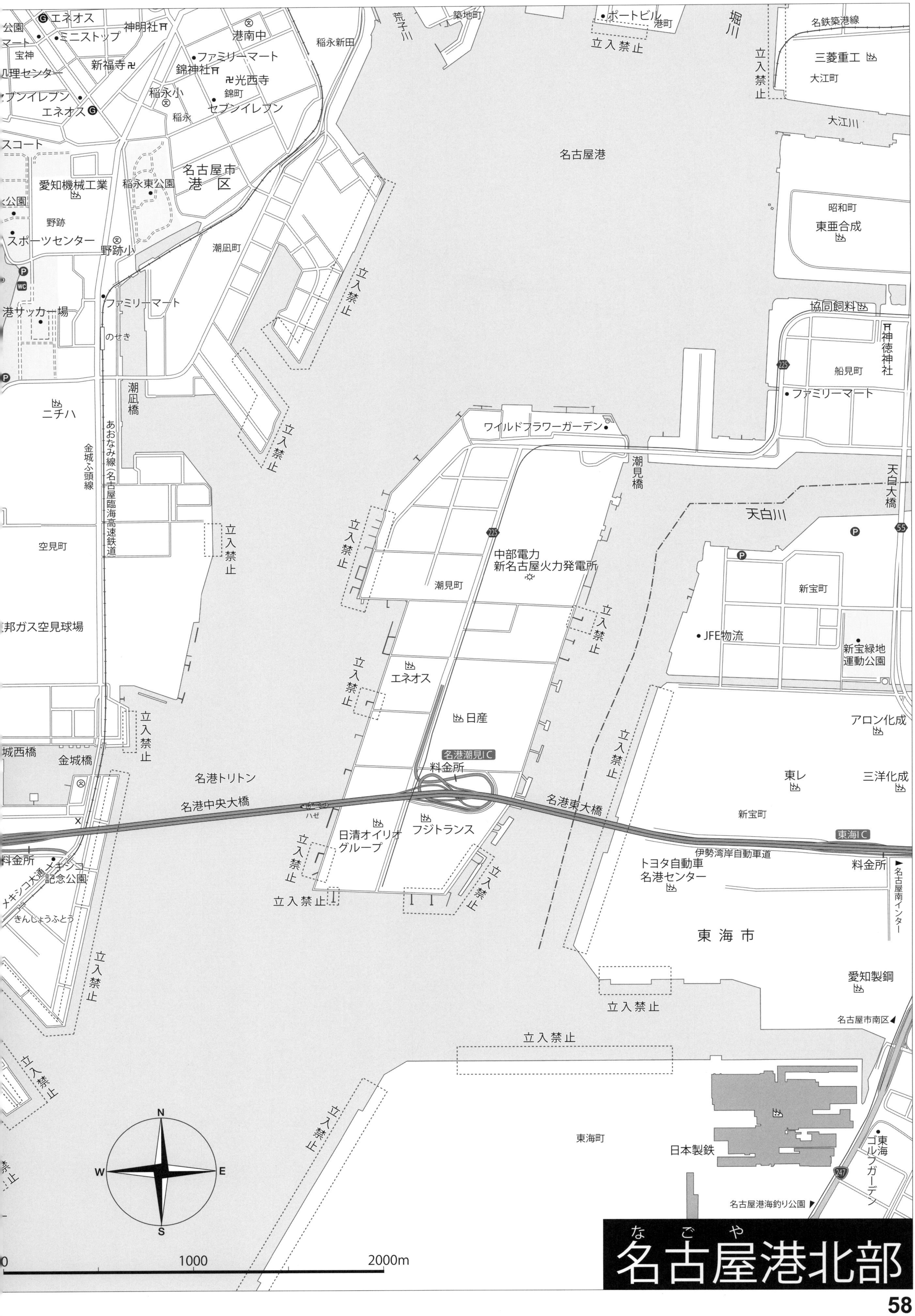
エネオス
公園
マート
ミニストップ
神明社
宝神
新福寺
理センター
セブンイレブン
エネオス
港南中
ファミリーマート
錦神社
光西寺
稲永小
錦町
セブンイレブン
稲永
荒子川
築地町
稲永新田
ポートビル
港町
立入禁止
堀川
名鉄築港線
三菱重工
大江町
大江川
スコート
名古屋市
港区
愛知機械工業
稲永東公園
公園
野跡
スポーツセンター
野跡小
潮凪町
名古屋港
昭和町
東亜合成
ファミリーマート
のせき
港サッカー場
協同飼料
神徳神社
船見町
ファミリーマート
潮凪橋
ニチハ
あおなみ線(名古屋臨海高速鉄道)
金城ふ頭線
ワイルドフラワーガーデン
潮見橋
天白大橋
天白川
空見町
中部電力
新名古屋火力発電所
潮見町
新宝町
邦ガス空見球場
JFE物流
新宝緑地運動公園
エネオス
日産
城西橋
金城橋
名港潮見IC
料金所
アロン化成
名港トリトン
東レ
三洋化成
名港中央大橋
ハゼ
名港東大橋
新宝町
日清オイリオグループ
フジトランス
東海IC
伊勢湾岸自動車道
料金所
メキシコ記念公園
トヨタ自動車名港センター
料金所
▶名古屋南インター
メキシコ大通
きんじょうふとう
東海市
愛知製鋼
名古屋市南区◀
東海町
日本製鉄
東海ゴルフガーデン
名古屋港海釣り公園▶
N
S
W
E
0
1000
2000m

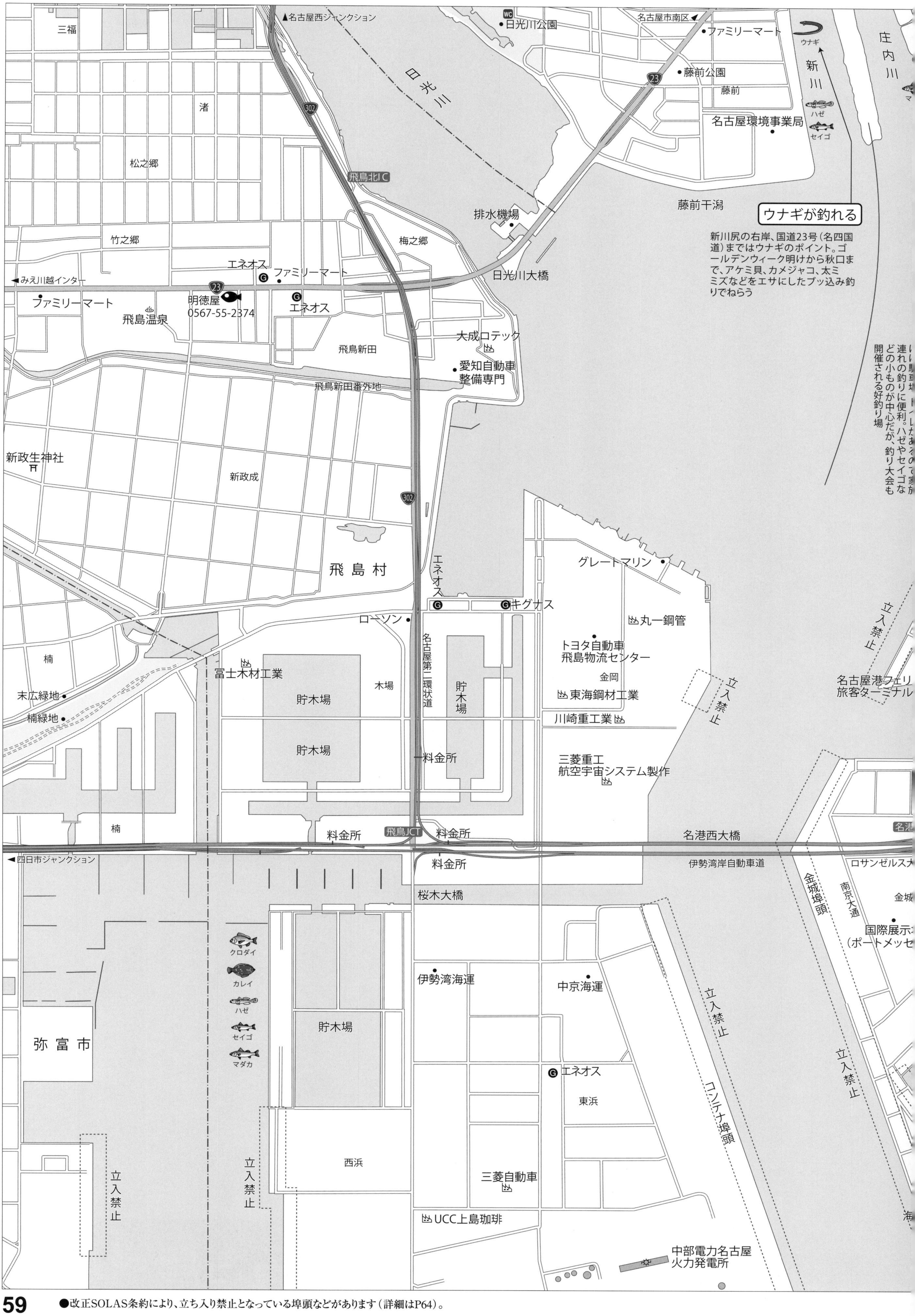

三福
渚
松之郷
竹之郷
梅之郷
▲名古屋西ジャンクション
日光川公園
名古屋市南区
ファミリーマート
庄内川
ウナギ
新川
藤前公園
藤前
ハゼ
セイゴ
名古屋環境事業局
日光川
飛鳥北IC
排水機場
藤前干潟
ウナギが釣れる
新川尻の右岸、国道23号（名四国道）まではウナギのポイント。ゴールデンウィーク明けから秋口まで、アケミ貝、カメジャコ、太ミミズなどをエサにしたブッ込み釣りでねらう
連れの釣りに便利。ハゼやセイゴな
どの小ものが中心だが、釣り大会も
開催される好釣り場
◄みえ川越インター
エネオス
ファミリーマート
ファミリーマート
明徳屋
0567-55-2374
エネオス
飛島温泉
日光川大橋
大成ロテック
飛鳥新田
愛知自動車
整備専門
飛鳥新田番外地
新政生神社
新政成
飛島村
エネオス
キグナス
グレートマリン
ローソン
丸一鋼管
トヨタ自動車
飛島物流センター
金岡
楠
富士木材工業
貯木場
木場
名古屋第二環状道
貯木場
東海鋼材工業
末広緑地
楠緑地
川崎重工業
立入禁止
貯木場
料金所
三菱重工
航空宇宙システム製作
楠
料金所
飛鳥JCT
料金所
名港西大橋
◄四日市ジャンクション
料金所
伊勢湾岸自動車道
金城埠頭
南京大通
桜木大橋
クロダイ
カレイ
ハゼ
セイゴ
マダカ
伊勢湾海運
中京海運
弥富市
貯木場
エネオス
東浜
立入禁止
コンテナ埠頭
立入禁止
西浜
立入禁止
三菱自動車
UCC上島珈琲
中部電力名古屋
火力発電所

●改正SOLAS条約により、立ち入り禁止となっている埠頭などがあります（詳細はP64）。

木曽川《きそがわ》河口～川越《かわごえ》

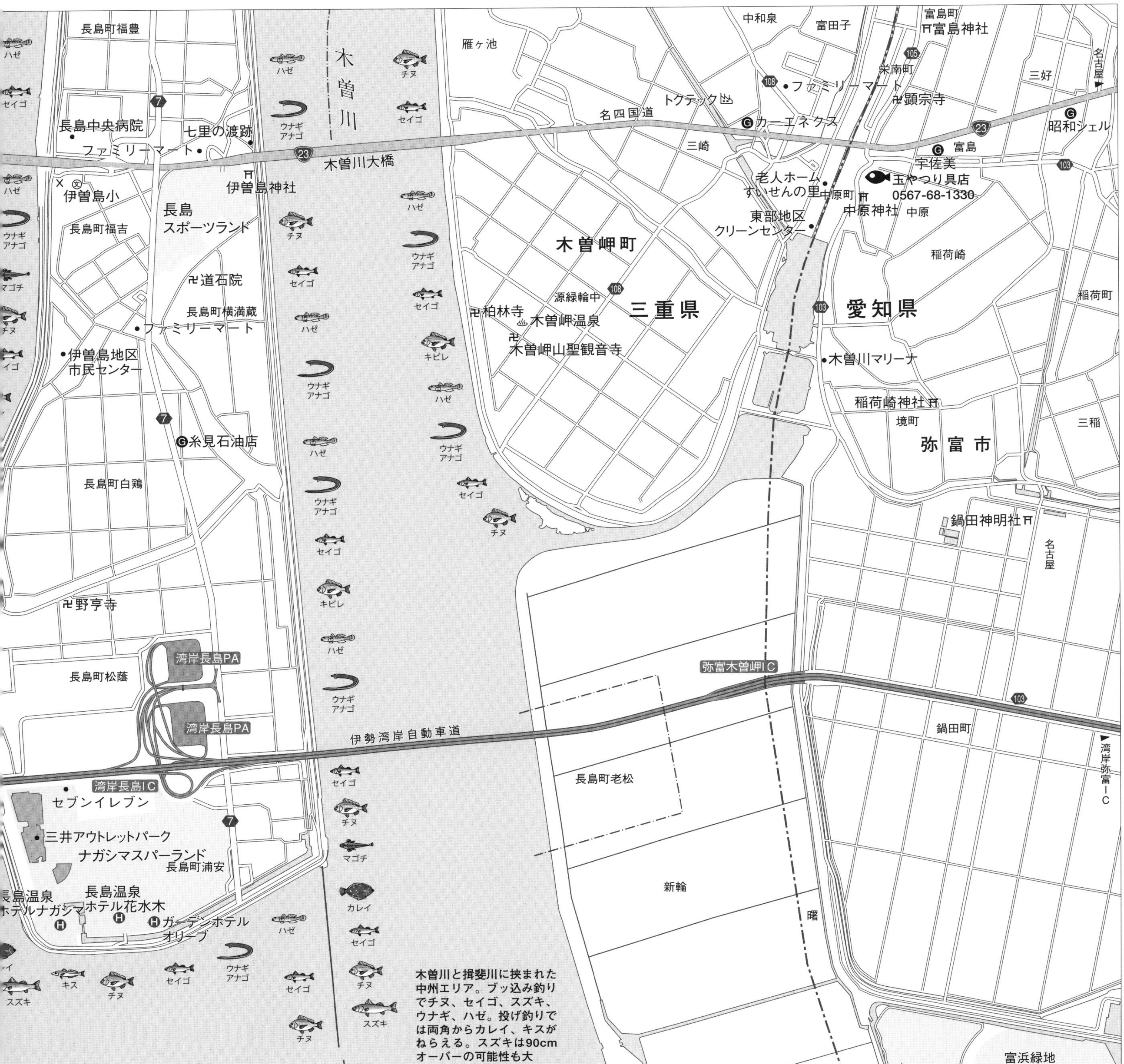

長島町福豊
木曽川
長島中央病院
七里の渡跡
ファミリーマート
名四国道
木曽川大橋
伊曽島神社
伊曽島小
長島
スポーツランド
長島町福吉
道石院
長島町横満蔵
ファミリーマート
伊曽島地区
市民センター
糸見石油店
長島町白鶏
野亨寺
湾岸長島PA
長島町松蔭
湾岸長島PA
伊勢湾岸自動車道
湾岸長島IC
セブンイレブン
三井アウトレットパーク
ナガシマスパーランド
長島町浦安
長島温泉
ホテルナガシマ
長島温泉
ホテル花水木
ガーデンホテル
オリーブ
ハゼ
チヌ
ウナギ
アナゴ
セイゴ
キビレ
マゴチ
カレイ
キス
スズキ
雁ヶ池
中和泉
富田子
富島町
富島神社
栄南町
三好
名古屋
ファミリーマート
顕宗寺
トクテック
カーエネクス
昭和シェル
三崎
富島
宇佐美
老人ホーム
すいせんの里
中原町
玉やつり具店
0567-68-1330
中原神社
中原
東部地区
クリーンセンター
木曽岬町
稲荷崎
源緑輪中
三重県
愛知県
稲荷町
柏林寺
木曽岬温泉
木曽岬山聖観音寺
木曽川マリーナ
稲荷崎神社
境町
三稲
弥富市
鍋田神明社
名古屋
弥富木曽岬IC
鍋田町
湾岸弥富IC
長島町老松
新輪
曙
富浜緑地
富浜
石堤
（渡船なし）
名古屋港GC
富浜コース
伊勢湾

木曽川と揖斐川に挟まれた中州エリア。ブッ込み釣りでチヌ、セイゴ、スズキ、ウナギ、ハゼ。投げ釣りでは両角からカレイ、キスがねらえる。スズキは90cmオーバーの可能性も大

揖斐川《いびがわ》河口右岸

国道23号
伊勢湾岸自動車道
湾岸長島IC
名IC
車止め
揖斐川
気村
鉄塔
航路標識
干満の差で
非常に速く流れる
航路標識
石堤
キビレ
ハゼ
マゴチ
チヌ
ウナギ
アナゴ
スズキ
セイゴ
カレイ
キス

非常に足場がよく広いので人気の釣り場。メインはブッ込み釣り。ボケ、カメジャコ、アオイソメなどのエサでチヌやセイゴ、スズキをねらう。濁りが入ったときは昼間からウナギがよく釣れることもある。川の流れが非常に速いので20号以上のオモリを用意したい

川越《かわごえ》釣り桟橋

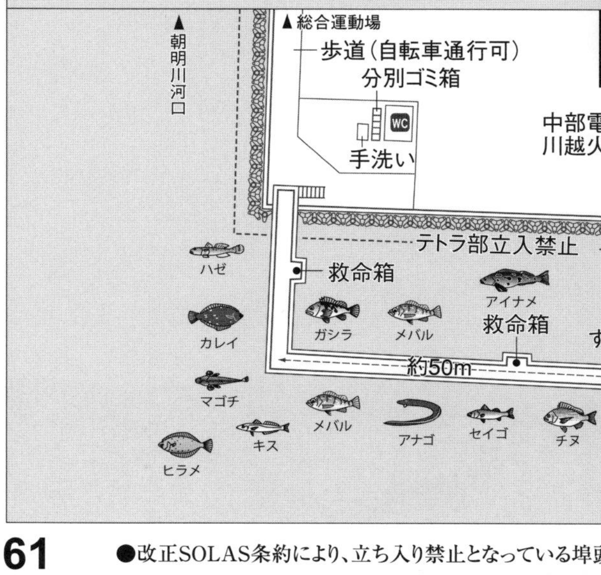

中部電力川越火力発電所のある埋立地の一角に作られた釣り専用の桟橋で中電海釣り公園とも呼ばれるが無料。投げ釣りでキス、カレイ、ハゼ、マゴチなど。テトラ向きに探ればチヌやメバル、ガシラ、アイナメなどがねらえる。ルアーではセイゴ、スズキのほかヒラメもヒットする。ヒラメはハゼやカメジャコをエサにしてもよい。なお桟橋は海面から非常に高いので落としダモがあると便利

●改正SOLAS条約により、立ち入り禁止となっている埠頭などがあります（詳細はP64）

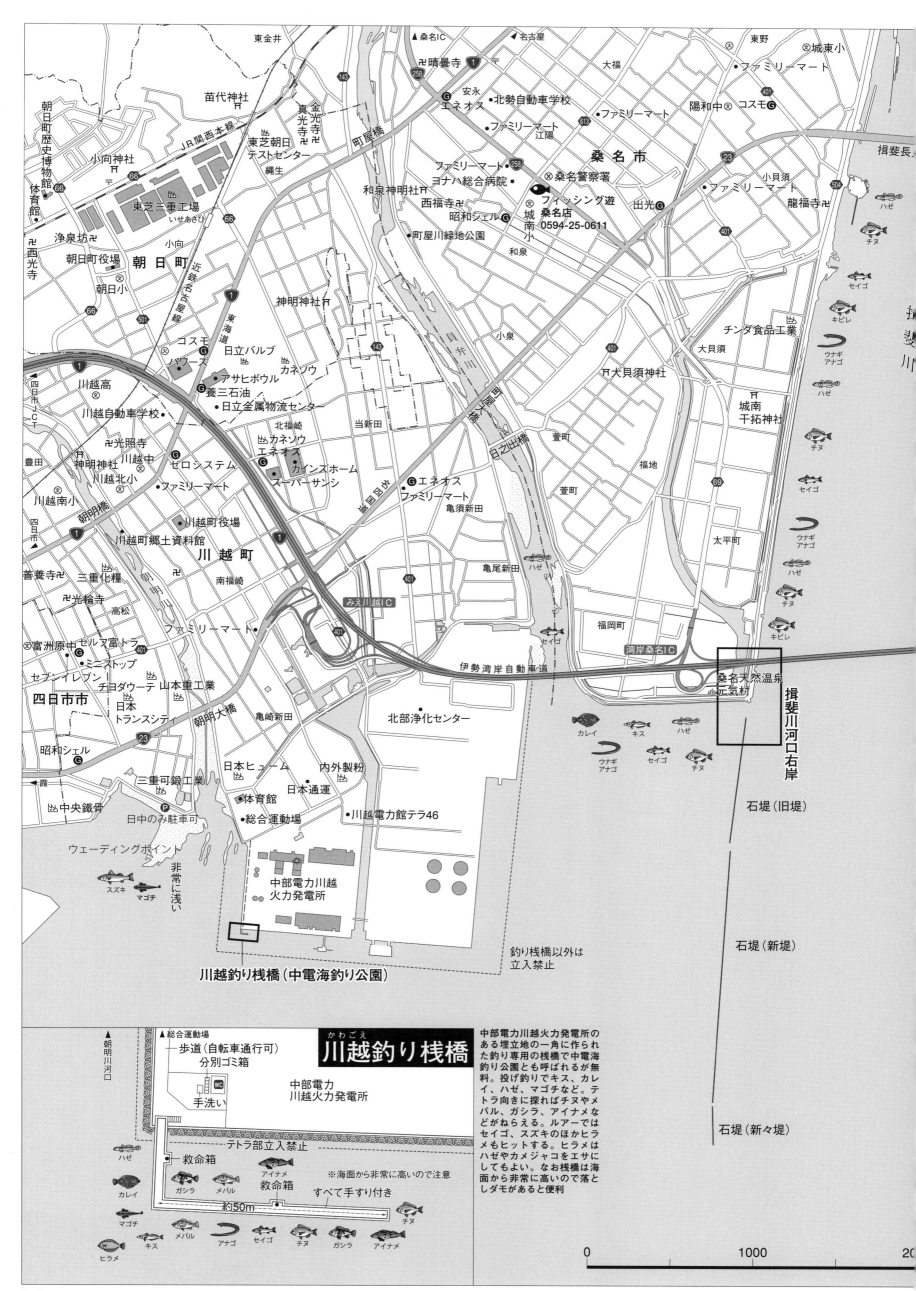

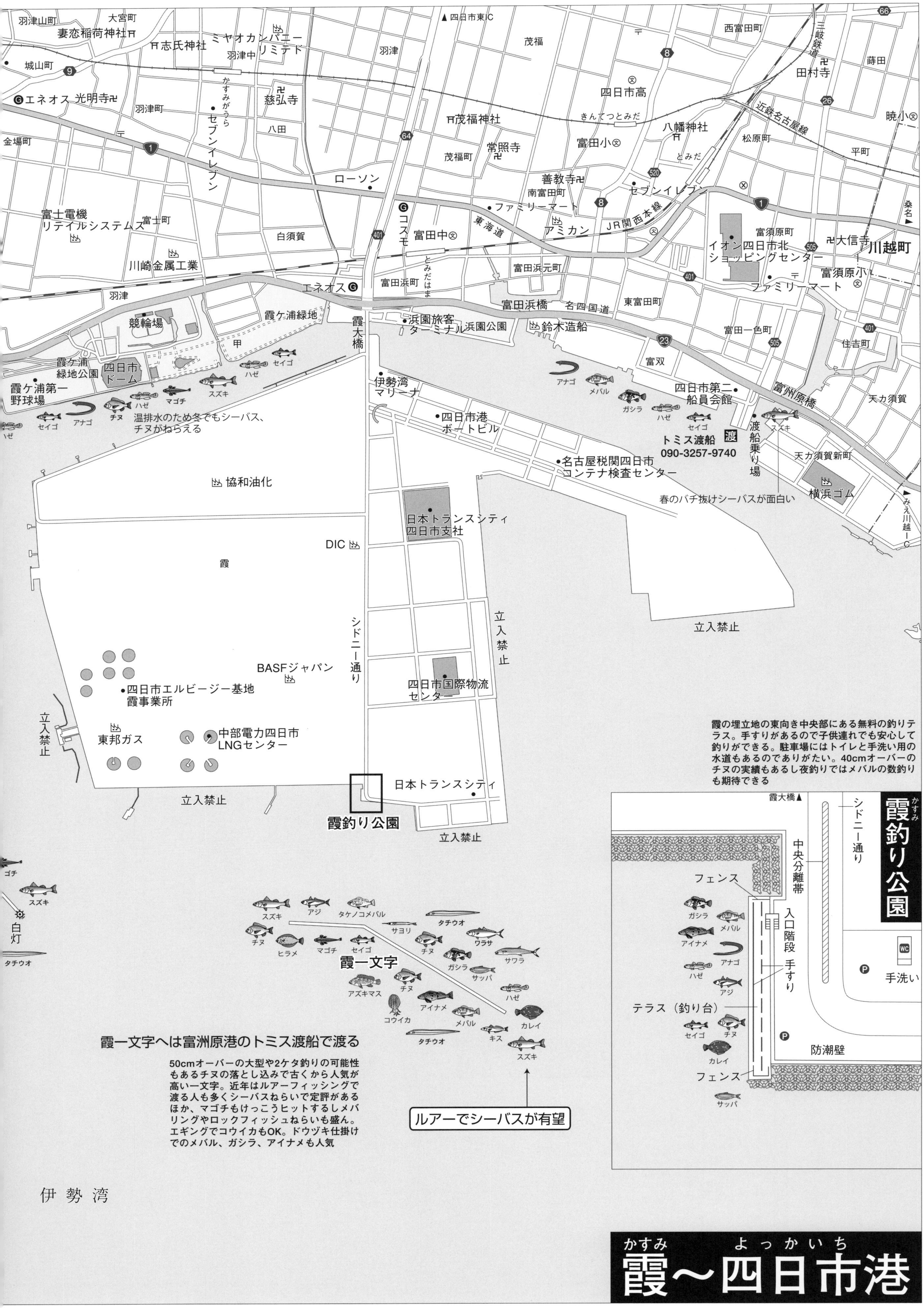
羽津山町
大宮町
妻恋稲荷神社
志氏神社
ミヤオカンパニーリミテド
羽津中
四日市東IC
茂福
西富田町
三岐鉄道
田村寺
蒔田
城山町
羽津
かすみがうら
エネオス
光明寺
羽津町
セブンイレブン
慈弘寺
八田
茂福神社
四日市高
きんてつとみだ
八幡神社
近鉄名古屋線
暁小
松原町
金場町
茂福町
常照寺
富田小
とみだ
平町
ローソン
善教寺
南富田町
セブンイレブン
富士電機リテイルシステムズ
富士町
コスモ
ファミリーマート
東海道
アミカン
JR関西本線
富須原町
大信寺
川越町
桑名
白須賀
富田中
とみだはま
イオン四日市北ショッピングセンター
川崎金属工業
富田浜元町
富須原小
富田浜町
ファミリーマート
羽津
エネオス
富田浜町
霞大橋
富田浜橋
名四国道
東富田町
競輪場
霞ケ浦緑地
浜園旅客ターミナル
浜園公園
鈴木造船
富田一色町
住吉町
甲
富双
霞ケ浦緑地公園
四日市ドーム
伊勢湾マリーナ
四日市第二船員会館
富州原橋
天カ須賀
霞ケ浦第一野球場
セイゴ
ハゼ
スズキ
マゴチ
チヌ
アナゴ
メバル
ガシラ
温排水のため冬でもシーバス、チヌがねらえる
四日市港ポートビル
トミス渡船
090-3257-9740
渡
渡船乗り場
天カ須賀新町
名古屋税関四日市コンテナ検査センター
協和油化
春のバチ抜けシーバスが面白い
横浜ゴム
みえ川越IC
日本トランスシティ四日市支社
DIC
霞
立入禁止
立入禁止
シドニー通り
BASFジャパン
四日市エルビージー基地霞事業所
四日市国際物流センター
東邦ガス
中部電力四日市LNGセンター
日本トランスシティ
立入禁止
霞釣り公園
立入禁止
白灯
タチウオ
アジ
タケノコメバル
サヨリ
ウラサ
ヒラメ
サワラ
サッパ
霞一文字
アズキマス
コウイカ
アイナメ
カレイ
キス
ルアーでシーバスが有望
伊勢湾
霞大橋
シドニー通り
中央分離帯
フェンス
入口階段
手すり
テラス（釣り台）
防潮壁
フェンス
WC
手洗い
霞《かすみ》釣り公園

霞一文字へは富洲原港のトミス渡船で渡る

50cmオーバーの大型や2ケタ釣りの可能性もあるチヌの落とし込みで古くから人気が高い一文字。近年はルアーフィッシングで渡る人も多くシーバスねらいで定評があるほか、マゴチもけっこうヒットするしメバリングやロックフィッシュねらいも盛ん。エギングでコウイカもOK。ドウヅキ仕掛けでのメバル、ガシラ、アイナメも人気

霞の埋立地の東向き中央部にある無料の釣りテラス。手すりがあるので子供連れでも安心して釣りができる。駐車場にはトイレと手洗い用の水道もあるのでありがたい。40cmオーバーのチヌの実績もあるし夜釣りではメバルの数釣りも期待できる

霞《かすみ》～四日市《よっかいち》港

●改正SOLAS条約により、立ち入り禁止となっている埠頭などがあります（詳細はP64）

『令和版 中部海釣りドライブマップ』についてのお断り

本書は既刊『中部海釣りドライブマップ』の情報を元に作成しており、作成時のデータと現状が異なっている場合があります。本書の内容につきましては新たな情報を更新するように心がけておりますが、現場での釣りの可否を含め、あらかじめ本書に記載された情報のすべてを保証するものではありません。万が一、目的の場所が釣り禁止等になっていた場合には、必ず現場の情報・指示に従ってください。

令和版 中部海釣りドライブマップ
浜名湖～伊勢湾（今切口周辺～四日市港）

2023年　5月1日発行
編　者　つり人社書籍編集部
発行者　山根和明
印刷所　図書印刷株式会社
発行所　株式会社つり人社
東京都千代田区神田神保町1-30-13 〒101-8408
TEL.03-3294-0781　FAX03-3294-0783

乱丁・落丁などありましたらお取り替えいたします。
ISBN978-4-86447-713-0 C2075

●本書に掲載した釣り場の状況、立入禁止の規定は随時変更されることがありますので、ご了承ください。
●釣り場では必ずライフジャケットを着用し、くれぐれも事故のないよう、自己責任にて安全第一を心掛けましょう。